SAMMLUNG GUTTENTAG

256a

Nachtrag zum Personenbeförderungsgesetz vom 21. 3. 1961

Handkommentar

von

Dr. Richard Sigl

Oberverwaltungsgerichtsrat in München

BERLIN 1966

WALTER DE GRUYTER & CO.

vormals G. J. Göschen'sche Verlagshandlung — J. Guttentag, Verlagsbuchhandlung — Georg Reimer — Karl J. Trübner — Veit & Comp.

Archiv-Nr. 29 56 66 1
Satz und Druck: Thormann & Goetsch, Berlin

Vorwort

Seit dem Erscheinen des Handkommentars haben Gesetzgebung, Verfassungsrechtsprechung und Verwaltungsrechtsprechung an der Anpassung des Rechts an die veränderten Gegebenheiten der Personenbeförderung weitergearbeitet. Das Gesetz zur Änderung des Personenbeförderungsgesetzes vom 24. 8. 1965 und die neue Straßenbahn-Bau- und Betriebsordnung vom 31. 8. 1965 waren zuvörderst in diesen Nachtrag aufzunehmen. Bezüglich kleinerer legislatorischer Ergänzungen wie der Freistellungs-Verordnung vom 30. 8. 1962 und der Postreiseordnung vom 6. 7. 1964 glaubte ich mich auf Hinweise beschränken zu dürfen. Umso wichtiger dagegen erschien mir eine Einarbeitung des Beschlusses des Bundesverfassungsgerichts vom 7. 4. 1964 zum Problem der Mitfahrerzentralen und der höchstrichterlichen und obergerichtlichen Rechtsprechung sowohl zu den allen Verkehrsarten gemeinsamen wie zu den sie einzeln betreffenden Rechtsfragen. Ich hoffe, damit dem Leser ein Hilfsmittel nach dem Stand vom Jahresanfang 1966 in die Hand zu geben.

München, Weihnachten 1965 Der Verfasser

Inhaltsverzeichnis

Vorbemerkung

Die gegenwärtige Ergänzung des Handkommentars enthält

A. die durch das Gesetz zur Änderung des Personenbeförderungsgesetzes vom 24. 8. 1965 (BGBl. I S. 906) geänderten Paragraphen des Personenbeförderungsgesetzes;

B. eine Ergänzung zu den Erläuterungen des Handkommentars zum Personenbeförderungsgesetz auf Grund der inzwischen veröffentlichten Rechtsprechung;

C. die Verordnung über den Bau und Betrieb der Straßenbahnen (Straßenbahn-Bau- und Betriebsordnung — BOStrab —) vom 31. 8. 1965 (BGBl. I Nr. 58), durch welche die BOStrab vom 14. 8. 1953 (S. 239 ff. des Handkommentars) außer Kraft gesetzt wurde. Für die sechs Anlagen der Verordnung (technische Zeichnungen) wird auf das Bundesgesetzblatt verwiesen.

Ferner wird auf folgende ergänzende Vorschriften zum Personenbeförderungsgesetz hingewiesen:

1. Verordnung über Befreiung bestimmter Beförderungsfälle von den Vorschriften des Personenbeförderungsgesetzes — Freistellungs-VO — vom 30. 8. 1962 (BGBl. I S. 601);
2. Postreiseordnung vom 6. 7. 1964 (BGBl. I S. 445);
3. Allgemeine Verwaltungsvorschrift zum Personenbeförderungsgesetz vom 2. 7. 1962 (BAnz Nr. 128 vom 11. 7. 1962, berichtigt BAnz Nr. 153);
4. Allgemeine Beförderungsbedingungen für den Straßenbahn-, Obus- und Omnibuslinienverkehr (VkBl. 1953 S. 175); sie gelten, bis die nach § 58 Abs. 1 Nr. 4 des Gesetzes zu erlassenden allgemeinen Beförderungsbedingungen erlassen werden.

A. Durch das Änderungsgesetz vom 24. 8. 1965 (BGBl. I S. 906) geänderte Paragraphen des Personenbeförderungsgesetzes

§ 3
Unternehmer

(1) Die Genehmigung wird dem Unternehmer für einen bestimmten Verkehr (§ 9) und für seine Person (natürliche oder juristische Person) erteilt.

(2) Der Unternehmer oder derjenige, auf den der Betrieb übertragen worden ist (§ 2 Abs. 2), muß den Verkehr im eigenen Namen, unter eigener Verantwortung und für eigene Rechnung betreiben. Die von der Landesregierung bestimmte Behörde kann in Einzelfällen Ausnahmen zulassen.

„(3) Sollen Straßenbahnbetriebsanlagen von einem anderen als dem Unternehmer gebaut werden, kann die Genehmigung für ihren Bau und für die Linienführung (§ 9 Abs. 1 Nr. 1) dem anderen erteilt werden; die für den Unternehmer geltenden Vorschriften des Gesetzes und der auf Grund des Gesetzes erlassenen Rechtsverordnungen sind entsprechend anzuwenden.“

§ 9
Umfang der Genehmigung

(1) Die Genehmigung wird erteilt

1. bei einem Verkehr mit Straßenbahnen für den Bau, den Betrieb und die Linienführung,
2. bei einem Verkehr mit Obussen für den Bau, den Betrieb und die Linienführung,
3. bei einem Linienverkehr mit Kraftfahrzeugen für die Einrichtung und den Betrieb der Linie sowie für die Zahl, die Art und das Fassungsvermögen (Sitz- und Stehplätze) der auf ihr einzusetzenden Kraftfahrzeuge und Anhänger,
4. bei einem Gelegenheitsverkehr mit Kraftfahrzeugen für die Ausübung und die Form der Gelegenheitsverkehrs sowie für die Art und das Fassungsvermögen (Sitzplätze) der einzelnen Kraftfahrzeuge unter Angabe ihrer amtlichen Kennzeichen.

Für jedes einzelne Kraftfahrzeug wird die Genehmigung entweder nach Nummer 3 oder Nummer 4 erteilt.

(2) Bei Erweiterungen oder wesentlichen Änderungen (§ 2 Abs. 2) eines Unternehmens der in Absatz 1 genannten Verkehrsarten ist die Genehmigung für die Erweiterungen oder wesentlichen Änderungen zusätzlich erforderlich. Bei einem Austausch von Kraftfahrzeugen gleichen oder annähernd gleichen Fassungsvermögens soll die Genehmigung ohne nochmaliges Anhörverfahren erteilt werden.

(3) In begründeten Fällen können für den Linienverkehr desselben Unter-

nehmers nach Absatz 1 Nr. 3 genehmigte Fahrzeuge auch für den Gelegenheitsverkehr nach Absatz 1 Nr. 4 genehmigt werden, sofern dadurch die ordnungsmäßige Durchführung des Linienverkehrs nicht beeinträchtigt wird.

„(4) Auf Grund einer Genehmigung zum Gelegenheitsverkehr mit Kraftomnibussen dürfen auch die einem anderen Unternehmer des Gelegenheitsverkehrs genehmigten Kraftomnibusse verwendet werden."

§ 12

Antragstellung

(1) Der Antrag auf Erteilung der Genehmigung soll enthalten

1. in allen Fällen
   a) Namen sowie Wohn- und Betriebssitz des Antragstellers, bei natürlichen Personen außerdem Geburtstag und Geburtsort,
   b) Angaben darüber, ob der Antragsteller bereits eine Genehmigung für eine Verkehrsart besitzt oder besessen hat;
2. bei einem Straßenbahn- oder Obusverkehr
   a) eine Übersichtskarte, in der die beantragte Strecke mit Haltestellen und alle in dem Verkehrsgebiet bereits vorhandenen Schienenbahnen, Obuslinien, Kraftfahrzeuglinien und Schiffahrtslinien, letztere soweit sie dem Berufsverkehr dienen, eingezeichnet sind,
   b) Beförderungsentgelte und Fahrplan,
   c) auf Verlangen der Genehmigungsbehörde einen Bauplan mit Kostenanschlag sowie Beschreibung der Anlage, Angaben über die höchste und tiefste Lage des Fahrdrahts, Längs- und Querschnitte sowie Pläne für notwendige Änderungen an öffentlichen Straßen, Beschreibung der Fahrzeuge einschließlich der Schaltpläne und der Betriebsweise;
3. bei einem Linienverkehr mit Kraftfahrzeugen
   a) eine Übersichtskarte in der unter Nummer 2 Buchstabe a beschriebenen Form,
   b) die Länge der Linie, bei Unterwegsbedienung auch der Teilstrecken, in Kilometern,
   c) Angaben über die Zahl, die Art und das Fassungsvermögen (Sitz- und Stehplätze) der zu verwendenden Fahrzeuge,
   d) Beförderungsentgelte und Fahrplan;
4. bei einem Gelegenheitsverkehr mit Kraftfahrzeugen
   a) Verkehrsform des Gelegenheitsverkehrs (§ 46),
   b) Angaben über die Zahl, die Art und das Fassungsvermögen (Sitzplätze) der zu verwendenden Fahrzeuge.

(2) Dem Antrag sind Unterlagen beizufügen, die ein Urteil über die Zuverlässigkeit des Antragstellers und die Sicherheit und Leistungsfähigkeit des Betriebs ermöglichen.

(3) Die Genehmigungsbehörde kann weitere Angaben und Unterlagen, insbesondere Vorlage eines polizeilichen Führungszeugnisses, verlangen. Sie hat bei einem Antrag auf Erteilung der Genehmigung von Linien- oder Gelegenheitsverkehr mit Kraftfahrzeugen das Kraftfahrt-Bundesamt um Auskunft über den Antragsteller zu ersuchen.

„(4) Das Genehmigungsverfahren soll im Falle des § 3 Abs. 3 erst dann eingeleitet werden, wenn auch der Antrag auf Erteilung der Genehmigung für den Betrieb vorliegt. Die Verfahren sind nach Möglichkeit miteinander zu verbinden."

§ 17

Genehmigungsurkunde

(1) Die Genehmigung wird, wenn die Entscheidung nach § 15 unanfechtbar geworden ist, durch Aushändigung der Genehmigungsurkunde erteilt.

(2) Die Genehmigungsurkunde muß enthalten

1. einen Hinweis auf dieses Gesetz,
2. den Namen sowie Wohn- und Betriebssitz des Unternehmers,
3. die Bezeichnung der Verkehrsart, für die die Genehmigung erteilt wird, im Gelegenheitsverkehr auch der Verkehrsform des Gelegenheitsverkehrs (§§ 47 bis 49),
4. die Dauer der Genehmigung,
5. die Bedingungen und Auflagen,
6. die Bezeichnung der Aufsichtsbehörde,
7. bei einem Straßenbahn- oder Obusverkehr die Streckenführung und im Falle des § 28 Abs. 4 einen Hinweis auf den Vorbehalt,
8. bei Linienverkehr mit Kraftfahrzeugen die Linienführung, die Zahl, die Art und das Fassungsvermögen (Sitz- und Stehplätze) der genehmigten Kraftfahrzeuge und Anhänger,
9. bei Gelegenheitsverkehr mit Kraftfahrzeugen die einzelnen Kraftfahrzeuge unter Angabe ihrer amtlichen Kennzeichen.

(3) Im Falle eines Austausches von Kraftfahrzeugen nach § 9 Abs. 2 Satz 2 hat der Unternehmer die Genehmigungsurkunde der Genehmigungsbehörde zur Ergänzung vorzulegen. Das gleiche gilt, wenn ein Unternehmer ein Kraftfahrzeug des Gelegenheitsverkehrs nicht mehr verwendet.

(4) Die Genehmigungsurkunde für Straßenbahnen, für Obusverkehr, der für die Öffentlichkeit wesentliche Inhalt der Genehmigung für den Linienverkehr mit Kraftfahrzeugen und deren Änderungen sind auf Kosten des Unternehmers im amtlichen Verkündungsblatt der Genehmigungsbehörde bekanntzumachen.

(5) Die erteilte Genehmigung kann nur durch die Genehmigungsurkunde oder eine amtliche Ausfertigung nachgewiesen werden.

(6) Im Gelegenheitsverkehr mit Kraftfahrzeugen ist die Genehmigungsurkunde oder eine gekürzte Ausfertigung auf der Fahrt mitzuführen und zuständigen Personen auf Verlangen zur Prüfung auszuhändigen. „Dies gilt im Falle des § 9 Abs. 4 außerdem für die Urkunden, aus denen sich die Genehmigung der verwendeten Kraftomnibusse zum Gelegenheitsverkehr ergibt."

„§ 43

Sonderformen des Linienverkehrs

Als Linienverkehr gilt, unabhängig davon, wer den Ablauf der Fahrten bestimmt, auch der Verkehr, der unter Ausschluß anderer Fahrgäste der regelmäßigen Beförderung von

1. Berufstätigen zwischen Wohnung und Arbeitsstelle (Berufsverkehr),
2. Schülern zwischen Wohnung und Lehranstalt (Schülerfahrten),
3. Personen zum Besuch von Märkten (Marktfahrten),
4. Theaterbesuchern

dient. Die Regelmäßigkeit wird nicht dadurch ausgeschlossen, daß der Ablauf der Fahrten wechselnden Bedürfnissen der Beteiligten angepaßt wird."

§ 45

Sonstige Vorschriften

(1) Auf den Linienverkehr mit Kraftfahrzeugen ist § 35, soweit diese Vorschrift sich auf das Anbringen oder Errichten von Haltestellenzeichen bezieht, entsprechend anzuwenden; über die Verpflichtung zur Duldung entscheidet die Genehmigungsbehörde ohne Planfeststellungsverfahren.

(2) Die Beförderungsentgelte und Beförderungsbedingungen der Deutschen Bundesbahn sind vom Bundesminister für Verkehr zu genehmigen, die Beförderungsentgelte und Beförderungsbedingungen der Deutschen Bundespost sind nach § 14 des Postverwaltungsgesetzes festzusetzen. Genehmigung und Festsetzung der Beförderungsentgelte erfolgen im Einvernehmen mit dem Bundesminister für Wirtschaft. Die Beförderungsentgelte und Beförderungsbedingungen der Deutschen Bundesbahn und die Fahrpläne und Fahrplanänderungen der Deutschen Bundespost und der Deutschen Bundesbahn sind in ihren amtlichen Mitteilungsblättern zu veröffentlichen; die Ausgabe der amtlichen Kursbücher ersetzt die Veröffentlichung.

(3) In den Fällen der Absätze 1 und 2 sind die §§ 39 und 40 entsprechend anzuwenden.

„(4) Die Genehmigungsbehörde kann bei den Verkehrsformen nach § 43 auf die Einhaltung der Vorschriften über die Betriebspflicht (§ 21), die Beförderungspflicht (§ 22), die Beförderungsentgelte und Beförderungsbedingungen (§ 39) sowie über die Fahrpläne (§ 40) ganz oder teilweise verzichten. Bei den Sonderformen des Linienverkehrs (§ 43) ist § 13 Abs. 2 Nr. 2 so anzuwenden, daß insbesondere den Belangen von Berufstätigen und Arbeitgebern sowie von Schülern und Lehranstalten Rechnung getragen wird."

(5) Bei zeitweilig gesteigertem Verkehr kann der Unternehmer, soweit dadurch die Interessen anderer Verkehrsunternehmer nicht berührt werden, weitere ihm für diese Verkehrsart genehmigte Fahrzeuge im Rahmen des bestehenden Fahrplans einsetzen.

(6) Ist eine Genehmigung für den Linienverkehr mit Personenkraftwagen erteilt, so dürfen diese Fahrzeuge nur für den Linienverkehr verwendet werden. § 9 Abs. 3 bleibt unberührt.

§ 46

Formen des Gelegenheitsverkehrs

(1) Gelegenheitsverkehr ist die Beförderung von Personen mit Kraftfahrzeugen, die nicht Linienverkehr nach den §§ 42 und 43 ist.

(2) Als Formen des Gelegenheitsverkehrs sind nur zulässig

1. Verkehr mit Kraftdroschken (Taxen, § 47),
2. Ausflugsfahrten und Ferienziel-Reisen (§ 48),
3. Verkehr mit Mietomnibussen und mit Mietwagen (§ 49).

(3) In Orten mit mehr als 50 000 Einwohnern oder in den von der höheren Verwaltungsbehörde bestimmten Orten unter 50 000 Einwohnern darf eine Genehmigung für den Kraftdroschkenverkehr und den Mietwagenverkehr nicht für denselben Personenkraftwagen erteilt werden.

„§ 48

Ausflugsfahrten und Ferienziel-Reisen

(1) Ausflugsfahrten sind Fahrten, die der Unternehmer mit Kraftomnibussen oder Personenkraftwagen nach einem bestimmten, von ihm aufgestellten Plan und zu einem für alle Teilnehmer gleichen und gemeinsam verfolgten Ausflugszweck anbietet und ausführt. Die Fahrt muß wieder an den Ausgangsort zurückführen. Die Fahrgäste müssen im Besitz eines für die gesamte Fahrt gültigen Fahrscheins sein, der die Beförderungsstrecke und das Beförderungsentgelt ausweist. Bei Ausflugsfahrten, die als Pauschalfahrten ausgeführt werden, genügt im Fahrschein die Angabe des Gesamtentgelts an Stelle des Beförderungsentgelts.

(2) Ferienziel-Reisen sind Reisen zu Erholungsaufenthalten, die der Unternehmer mit Kraftomnibussen oder Personenkraftwagen nach einem bestimmten, von ihm aufgestellten Plan zu einem Gesamtentgelt für Beförderung und Unterkunft mit oder ohne Verpflegung anbietet und ausführt. Es dürfen nur Rückfahrscheine und diese nur auf den Namen des Reisenden ausgegeben werden. Die Fahrgäste sind zu einem für alle Teilnehmer gleichen Reiseziel zu bringen und an den Ausgangspunkt der Reise zurückzubefördern. Auf der Rückfahrt dürfen nur Reisende befördert werden, die der Unternehmer zum Reiseziel gebracht hat. Die Genehmigung darf nur solchen Unternehmern erteilt werden, die auf dem Gebiet des Reiseverkehrs über ausreichende Erfahrungen verfügen.

(3) Es ist unzulässig, unterwegs Fahrgäste aufzunehmen; jedoch kann die Genehmigungsbehörde für benachbarte Orte oder für Einzelfälle Ausnahmen gestatten, wenn dadurch die öffentlichen Verkehrsinteressen nicht beeinträchtigt werden.

(4) Die Vorschriften der §§ 21 und 22 sind nicht anzuwenden. Ausflugsfahrten und Ferienziel-Reisen können in besonderen Fällen auf Grund von Ausnahmegenehmigungen der von der Landesregierung bestimmten Behörde als Verkehr mit Mietomnibussen oder mit Mietwagen durchgeführt werden, wenn sie durch Gebiete außerhalb des Geltungsbereichs dieses Gesetzes führen, Ausgangs- und Zielort jedoch im Geltungsbereich dieses Gesetzes liegen.“

§ 51

Beförderungsentgelte, Beförderungsbedingungen

(1) Für den Gelegenheitsverkehr mit Kraftdroschken setzt die Landesregierung Beförderungsentgelte und Beförderungsbedingungen durch Rechtsverordnung fest; sie kann diese Ermächtigung durch Rechtsverordnung auf die Genehmigungsbehörden übertragen. Ist die Genehmigungsbehörde ermächtigt, so hat sie vor der Festsetzung der Beförderungsentgelte der zuständigen Gemeinde-

behörde, den Fachverbänden des Verkehrsgewerbes und der zuständigen Industrie- und Handelskammer Gelegenheit zur Stellungnahme zu geben. Die Vorschriften über Beförderungsentgelte und Beförderungsbedingungen sind in jedem Kraftfahrzeug mitzuführen und dem Fahrgast auf Verlangen vorzulegen. § 39 Abs. 3 ist anzuwenden.

(2) Die Landesregierung kann für den Gelegenheitsverkehr mit Kraftomnibussen und für den Gelegenheitsverkehr zum Zwecke des Krankentransports durch Rechtsverordnung Beförderungsentgelte und Beförderungsbedingungen festsetzen, soweit nicht Rahmenvorschriften für Beförderungsentgelte nach § 58 Abs. 1 Nr. 5 entgegenstehen oder Beförderungsbedingungen nach § 58 Abs. 1 Nr. 4 festgesetzt sind; Absatz 3 bleibt unberührt. Die Landesregierung kann diese Ermächtigung durch Rechtsverordnung auf die Genehmigungsbehörden übertragen. Ist die Genehmigungsbehörde ermächtigt, so hat sie vor der Festsetzung der Beförderungsentgelte den in Absatz 1 genannten Stellen sowie der zuständigen Oberpostdirektion und Bundesbahndirektion Gelegenheit zur Stellungnahme zu geben.

(3) Im Gelegenheitsverkehr der Deutschen Bundespost und der Deutschen Bundesbahn setzen diese die Beförderungsentgelte unter Beachtung der erlassenen Rahmenvorschriften und die Beförderungsbedingungen selbst fest. Auf Verlangen des Bundesministers für Verkehr ist zu der Festsetzung sein Einvernehmen einzuholen; er hat bei Festsetzung der Beförderungsentgelte den Bundesminister für Wirtschaft zu beteiligen.

§ 52

Grenzüberschreitender Verkehr

(1) Für die Beförderung von Personen im grenzüberschreitenden Verkehr mit Kraftfahrzeugen durch Unternehmer, die ihren Betriebssitz im Inland oder Ausland haben, gelten, soweit nichts anderes bestimmt ist, die Vorschriften dieses Gesetzes und die hierzu erlassenen Rechtsverordnungen.

„(2) Die nach diesem Gesetz erforderliche Genehmigung eines grenzüberschreitenden Linienverkehrs erteilt für die deutsche Teilstrecke die von der Landesregierung bestimmte Behörde im Benehmen mit dem Bundesminister für Verkehr, für Anträge der Deutschen Bundespost auch im Benehmen mit dem Bundesminister für das Post- und Fernmeldewesen. § 11 Abs. 2 bis 4 ist entsprechend anzuwenden."

(3) Einer Genehmigung für den grenzüberschreitenden Gelegenheitsverkehr von Unternehmern, die ihren Betriebssitz im Ausland haben, bedarf es nicht, soweit entsprechende Übereinkommen mit dem Ausland bestehen. Besteht ein solches Übereinkommen nicht oder soll abweichend von den Bedingungen des Übereinkommens grenzüberschreitender Gelegenheitsverkehr ausgeführt werden, so kann der Bundesminister für Verkehr entsprechenden Anträgen stattgeben. „Die nach diesem Gesetz erforderliche Genehmigung für grenzüberschreitende Ferienziel-Reisen erteilt für die deutsche Teilstrecke die von der Landesregierung bestimmte Behörde, in deren Gebiet die Ferienziel-Reise endet. § 14 ist nicht anzuwenden."

„(4) Die Zollstellen an der Grenze sind berechtigt, Kraftfahrzeuge zurückzuweisen, wenn nicht die erforderliche Genehmigung vorgelegt wird, deren Mitführung vorgeschrieben ist."

A. Geänderte Paragraphen des PBefG

§ 53

Transit-(Durchgangs-)Verkehr

(1) Für die Beförderung von Personen im Transit-(Durchgangs-)Verkehr mit Kraftfahrzeugen, der das Gebiet des Geltungsbereichs dieses Gesetzes unter Ausschluß innerdeutschen Zwischenverkehrs berührt, gelten, soweit nichts anderes bestimmt ist, die Vorschriften dieses Gesetzes und die hierzu erlassenen Rechtsverordnungen. „§ 14 ist nicht anzuwenden."

„(2) Die Genehmigung eines Transitlinienverkehrs erteilt die von der Landesregierung bestimmte Behörde, in deren Gebiet der erste Grenzübergang bei der Einfahrt stattfindet, im Benehmen mit dem Bundesminister für Verkehr, bei Anträgen der Deutschen Bundespost auch im Benehmen mit dem Bundesminister für das Post- und Fernmeldewesen. § 11 Abs. 3 und 4 ist entsprechend anzuwenden."

„(3) § 52 Abs. 3 ist auf den Gelegenheitsverkehr vom Ausland durch das Gebiet des Geltungsbereichs dieses Gesetzes entsprechend anzuwenden, jedoch ist bei Ferienziel-Reisen die von der Landesregierung bestimmte Behörde zuständig, in deren Gebiet der erste Grenzübergang bei der Einfahrt stattfindet. § 52 Abs. 4 gilt entsprechend."

„§ 57

(1) Der Bundesminister für Verkehr erläßt mit Zustimmung des Bundesrates Rechtsverordnungen über

1. Straßenbahnen und Obusse; diese regeln
   a) Anforderungen an den Bau und die Einrichtungen der Betriebsanlagen und Fahrzeuge sowie deren Betriebsweise,
   b) die Sicherheit und Ordnung des Betriebs sowie den Schutz der Betriebsanlagen und Fahrzeuge gegen Schäden und Störungen;
2. den Betrieb von Kraftfahrunternehmen im Personenverkehr; diese regeln
   a) Anforderungen an den Bau und die Einrichtungen der in diesem Unternehmen verwendeten Fahrzeuge,
   b) die Sicherheit und Ordnung des Betriebs;
3. Anforderungen an die Befähigung, Eignung und das Verhalten der Betriebsbediensteten und über die Bestellung, Bestätigung und Prüfung von Betriebsleitern sowie deren Aufgaben und Befugnisse.

(2) Rechtsverordnungen nach Absatz 1 Nr. 1 können auch festlegen, wie der Nachweis für die Erfüllung dieser Vorschriften zu erbringen ist, insbesondere welche Prüfungen, Abnahmen, Erlaubnisse, Zustimmungen oder Bescheinigungen erforderlich sind.

(3) Soweit es die öffentliche Sicherheit erfordert, können einzelne Vorschriften der nach Absatz 1 Nr. 2 erlassenen Rechtsverordnung auf Beförderungen ausgedehnt werden, die nach § 2 von der Genehmigungspflicht befreit sind oder für die nach § 58 Abs. 1 Befreiung erteilt wird."

„§ 59 a

Beförderungen, die in besonders gelagerten Einzelfällen nicht alle Merkmale einer Verkehrsart oder Verkehrsform dieses Gesetzes erfüllen, können nach denjenigen Vorschriften dieses Gesetzes genehmigt werden, die dem Verkehr am meisten entsprechen."

§ 61

Ordnungswidrigkeiten

(1) Ordnungswidrig handelt, wer vorsätzlich oder fahrlässig

1. den Bedingungen oder Auflagen der Genehmigung zuwiderhandelt;
2. einen Verkehr mit Straßenbahnen, Obussen oder einen Kraftfahrlinienverkehr betreibt, ohne daß die nach diesem Gesetz vorgeschriebene Zustimmung zu den Beförderungsentgelten oder Fahrplänen durch die Genehmigungsbehörde erteilt ist;
3. den Vorschriften dieses Gesetzes über
   a) die Mitteilungspflicht bei Betriebsstörungen im Verkehr, die den vorübergehenden Einsatz von Kraftfahrzeugen zur Folge haben (§ 2 Abs. 4 Satz 2),
   b) das Mitführen und Vorzeigen von Urkunden (§ 17 Abs. 6, § 20 Abs. 3 Satz 3),
   c) die Einhaltung der Beförderungsentgelte (§ 39 Abs. 3, § 41 Abs. 3, § 45 Abs. 3, § 51),
   d) die Bekanntmachung der Beförderungsentgelte, der Besonderen Beförderungsbedingungen und der gültigen Fahrpläne (§ 39 Abs. 7, § 40 Abs. 4, § 41 Abs. 3, § 45 Abs. 3, § 51 Abs. 1 Satz 3),
   e) die ausschließliche Verwendung von Kraftfahrzeugen im Linien- oder Kraftdroschkenverkehr (§ 45 Abs. 6, § 47 Abs. 5),
   „f) Ausflugsfahrten und Ferienziel-Reisen (§ 48 Abs. 1 bis 3) oder",
   g) den Verkehr mit Mietomnibussen und Mietwagen (§ 49 Abs. 2 Satz 2 und Abs. 4)

   zuwiderhandelt;
4. einer Rechtsvorschrift oder schriftlichen Verfügung zuwiderhandelt, die auf Grund dieses Gesetzes oder auf Grund von Rechtsvorschriften, die auf diesem Gesetz beruhen, erlassen worden ist, soweit die Rechtsvorschrift oder die Rechtsvorschrift und die schriftliche Verfügung ausdrücklich auf diese Vorschrift verweisen oder
5. den Vorschriften der Verordnung über den Bau und Betrieb von Straßenbahnen(BOStrab) vom 13. November 1937 (Reichsgesetzbl. I S. 1247) in der Fasssung vom 14. August 1953 (Bundesgesetzbl. I S. 974), der Verordnung über den Betrieb von Kraftfahrunternehmen im Personenverkehr (BOKraft) vom 13. Februar 1939 (Reichsgesetzbl. I S. 231) in der Fassung vom 7. Juli 1960 (Bundesgesetzbl. I S. 553) oder den auf Grund dieser Verordnungen erlassenen schriftlichen Verfügungen, soweit diese ausdrücklich auf diese Vorschriften verweisen, zuwiderhandelt.

(2) Die Ordnungswidrigkeit kann, wenn sie vorsätzlich begangen ist, mit einer Geldbuße bis zu 10 000 Deutsche Mark, wenn sie fahrlässig begangen ist, mit einer Geldbuße bis zu 5000 Deutsche Mark geahndet werden.

(3) Verwaltungsbehörde im Sinne des § 73 des Gesetzes über Ordnungswidrigkeiten ist die Genehmigungsbehörde; sie nimmt auch die Befugnisse der obersten

Verwaltungsbehörde im Sinne des § 66 Abs. 2 des Gesetzes über Ordnungswidrigkeiten wahr.

§ 62

Frühere Genehmigungen

„(1) Die auf Grund des bisherigen Rechts erteilten Genehmigungen für Straßenbahnen, Obusverkehr und Linienverkehr mit Kraftfahrzeugen sowie für den Gelegenheitsverkehr mit Kraftfahrzeugen behalten ihre Gültigkeit bis zum Ablauf der Dauer der Genehmigung; dabei gelten die für den bisherigen Gelegenheitsverkehr mit Ausflugswagen erteilten Genehmigungen als Genehmigungen für Ausflugsfahrten nach § 48 Abs. 1 dieses Gesetzes, und soweit sie zur Ausführung von Ferienziel-Reisen berechtigen, als Genehmigungen für Ferienziel-Reisen nach § 48 Abs. 2 dieses Gesetzes. Berufsverkehr (§ 43 Nr. 1), der nachweisbar am 1. Januar 1961 mit Mietwagen betrieben wurde, gilt bis zum Ablauf der Mietwagengenehmigungen als Verkehr mit Mietomnibussen (§ 49)."

(2) Für Linien, die von der Deutschen Bundespost und der Deutschen Bundesbahn bei Inkrafttreten dieses Gesetzes betrieben werden, haben die Genehmigungsbehörden Genehmigungen (Sammelgenehmigungen) mit mindestens fünf- und höchstens achtjähriger Gültigkeit, gerechnet vom Zeitpunkt des Inkrafttretens dieses Gesetzes, auszustellen. Die Deutsche Bundespost und die Deutsche Bundesbahn werden bei Inkrafttreten dieses Gesetzes den zuständigen Genehmigungsbehörden die für die Ausfertigungen dieser Genehmigungen erforderlichen Angaben unaufgefordert mitteilen. Der Durchführung eines besonderen Anhörverfahrens nach § 14 dieses Gesetzes bedarf es in diesen Fällen nicht.

(3) Nach Ablauf der Gültigkeitsdauer der nach Absatz 2 erteilten Genehmigungen gelten für die Fortführung dieser Linien ausschließlich die Bestimmungen dieses Gesetzes.

§ 64

Andere Gesetze

(1) Durch dieses Gesetz werden die Vorschriften

1. des Straßenverkehrsgesetzes vom 19. Dezember 1952 (Bundesgesetzbl. I S. 837) sowie die auf Grund dieses Gesetzes erlassenen Vorschriften,
2. des Gesetzes betreffend die Verbindlichkeit zum Schadenersatz für die bei dem Betriebe von Eisenbahnen, Bergwerken usw. herbeigeführten Tötungen und Körperverletzungen vom 7. Juni 1871 (Reichsgesetzbl. S. 207) in der Fassung des Gesetzes zur Änderung des Reichshaftpflichtgesetzes vom 15. August 1943 (Reichsgesetzbl. I S. 489),
3. des Gesetzes über die Haftpflicht der Eisenbahnen und Straßenbahnen für Sachschäden vom 29. August 1940 (Reichsgesetzbl. I S. 691),
4. des Gesetzes über die Einführung der Pflichtversicherung für Kraftfahrzeughalter und zur Änderung des Gesetzes über den Verkehr mit Kraftfahrzeugen sowie des Gesetzes über den Versicherungsvertrag vom 7. November 1939 (Reichsgesetzblatt I S. 2223) und
5. des Gesetzes über die Haftpflichtversicherung für ausländische Kraft-

fahrzeuge und Kraftfahrzeuganhänger vom 24. Juli 1956 (Bundesgesetzbl. I S. 667)

nicht berührt, soweit sich nicht aus § 23 Abs. 1 etwas anderes ergibt.

(2) Die Vorschriften des Gesetzes über Maßnahmen zur Aufrechterhaltung des Betriebs von Bahnunternehmen des öffentlichen Verkehrs vom 7. März 1934 (Reichsgesetzbl. II S. 91) in der Fassung des § 9 Abs. 4 des Allgemeinen Eisenbahngesetzes vom 29. März 1951 (Bundesgesetzbl. I S. 225) sind auf Straßenbahnen und auf Obusunternehmen mit der Maßgabe entsprechend anzuwenden, daß zuständige Aufsichtsbehörde im Sinne des vorgenannten Gesetzes die von der Landesregierung bestimmte Genehmigungsbehörde ist, und daß, wenn eine Straßenbahn oder ein Obusunternehmen das Gebiet mehrerer Länder berührt, die von der Landesregierung bestimmte Genehmigungsbehörde ihre Entscheidung im Einvernehmen mit der von der Landesregierung des mitbeteiligten Landes bestimmten Genehmigungsbehörde trifft.

(3) Für die Begriffe „Obus" (§ 4 Abs. 3), „Personenkraftwagen", „Kraftomnibus" (§ 4 Abs. 4) und „Nachbarortslinienverkehr" (§ 13 Abs. 2 Nr. 2 Buchstabe c) gilt nicht § 2 des Gesetzes zur Wiedererhebung der Beförderungsteuer im Möbelfernverkehr und im Werkfernverkehr und zur Änderung von Beförderungsteuersätzen vom 2. März 1951 (Bundesgesetzbl. I S. 159). „Die in § 43 Nr. 3 und 4 genannten Verkehrsformen sind nicht Linienverkehr im Sinne des Beförderungsteuerrechts."

(4) Der Titel VII der Gewerbeordnung sowie die auf Grund dieses Titels erlassenen Vorschriften gelten auch für Straßenbahnbetriebe.

(5) In § 38 des Bundesbaugesetzes vom 23. Juni 1960 (Bundesgesetzbl. I S. 341) werden die Worte „Gesetzes über die Beförderung von Personen zu Lande in der Fassung vom 6. Dezember 1937 (Reichsgesetzbl. I, S. 1319) ersetzt durch die Werte „Personenbeförderungsgesetzes vom 21. März 1961 (Bundesgesetzbl. I, S. 241)."

Artikel 2

Genehmigungen für Ferienziel-Reisen, die ab 1. Juni 1961 erteilt worden sind, gelten bis zum Ablauf der Genehmigungsdauer als Genehmigungen für Ferienziel-Reisen nach § 48 Abs. 2. Für Beförderungen nach § 43, die nachweisbar in der Zeit vom 13. November 1964 bis zum Inkrafttreten dieses Gesetzes mit Mietomnibussen (§ 49) ausgeführt worden sind, genügt die Genehmigung zum Verkehr mit Mietomnibussen bis zu ihrem Ablauf.

Artikel 3

Dieses Gesetz gilt nach Maßgabe des § 13 Abs. 1 des Dritten Überleitungsgesetzes vom 4. Januar 1952 (Bundesgesetzbl. I S. 1) auch im Land Berlin.

Artikel 4

Dieses Gesetz tritt am Tage nach seiner Verkündigung in Kraft.

B. Ergänzungen zu den Erläuterungen zum Personenbeförderungsgesetz

Zu § 1 Abs. 2 Nr. 1:

Nach Anm. 12 (S. 44):

Mit Beschluß vom 7. 4. 1964 — 1 BvL 12/63 — (Betriebsberater 1964 S. 579) hat das Bundesverfassungsgericht festgestellt, daß das PBefG ein Verbot der durch öffentliche Vermittlung oder durch Werbung zustandegekommenen Mitnahmefahrten enthält und daß dieses Verbot wegen Verstoßes gegen Art. 2 Abs. 1 GG nichtig ist. Aus den Gründen:

1. Nach richterlicher Auslegung enthält das Personenbeförderungsgesetz ein Verbot der durch öffentliche Vermittlung oder durch Werbung zustandegekommenen Mitnahmefahrten; denn einerseits unterliegen diese Fahrten nach § 1 Abs. 2 Nr. 1 PBefG dem Gesetz, sind also nur zulässig, wenn der Fahrer eine Genehmigung nach § 2 Abs. 1 PBefG besitzt; andererseits fallen sie unter keine der nach dem Ausschließlichkeitsprinzip des Personenbeförderungsgesetzes allein möglichen Beförderungsarten, insbesondere auch nicht unter „Gelegenheitsverkehr" in der Form des Mietwagenverkehrs (§ 49 Abs. 4 PBefG in Verbindung mit Abs. 1 und 2).

2. Dieses Verbot solcher Mitnahmefahrten verletzt Eigentümer und andere Verfügungsberechtigte von Kraftfahrzeugen in ihrem Grundrecht aus Artikel 2 Abs. 1 des Grundgesetzes (freie Entfaltung der Persönlichkeit). Das Verbot ist nicht durch die Schranke der „verfassungsmäßigen Ordnung" in diesem Grundrecht gerechtfertigt; denn es widerspricht dem Grundsatz der Rechtsstaatlichkeit:

a) Ein gesetzliches Verbot muß in seinen Voraussetzungen und in seinem Inhalt so klar formuliert sein, daß die Betroffenen die Rechtslage erkennen und ihr Verhalten danach bestimmen können. Die hier beurteilte Gesetzesregelung ist aber widersprüchlich, weil § 1 Abs. 2 Nr. 1 PBefG die öffentlich vermittelten Mitnahmefahrten genehmigungspflichtig macht, während aus den §§ 46 und 49 PBefG zu schließen ist, daß Fahrten dieser Art überhaupt nicht genehmigt werden können.

b) Das Verbot greift empfindlich in die Handlungsfreiheit des Kraftwagenbesitzers ein, weil es einen alltäglichen Vorgang des gesellschaftlichen Verkehrs und der zwischenmenschlichen Beziehungen, das Mitnehmen eines Fahrgastes gegen Kostenbeteiligung, verbietet und unter Strafe stellt. Dieser Eingriff ist nicht durch Gründe des öffentlichen Wohls, insbesondere auch nicht durch Gründe der Sicherheit des Verkehrs oder des Schutzes der Mitfahrer ausreichend gerechtfertigt. Das Verbot könnte umgekehrt im Ergebnis sogar zu größerer Gefährdung der bisher von den Mitfahrerzentralen vermittelten Mitfahrer führen. Die Mitfahrerzentralen sind im Rahmen ihrer gewerblichen Pflichten gehalten, darauf zu achten, daß die Beförderer im Besitz der Fahrerlaubnis sind und daß die verwendeten Fahrzeuge den Vorschriften der Straßenverkehrs-Zulassungsordnung entsprechen. Würden die Mitfahrer von der öffentlichen Vermittlung abgeschnitten, so würde jedenfalls ein Teil von ihnen versuchen, private Beziehungen zu gewinnen, um mitgenommen zu werden, ein anderer Teil würde sich auf den „Anhalteverkehr" verlassen; in beiden Fällen ist die Gefahr, einem unzuverlässigen Fahrer in die Hände zu fallen, größer als bei der öffentlich vermittelten Fahrt.

c) Die Annahme liegt nahe, daß das Verbot überhaupt nicht aus den angegebenen Gründen, sondern zum Schutze der öffentlichen Verkehrsträger, namentlich der Deutschen Bundesbahn, erlassen worden ist.

d) Wenn der Gesetzgeber die Tätigkeit der Mitfahrerzentralen näher regeln, unter Umständen auch beschränken will, wofür es unter Umständen beachtliche Gründe geben mag, muß er seine Gebote und Verbote unmittelbar an die Mitfahrerzentralen richten. Er wird dann freilich, ehe er eine Regelung trifft, die ihnen die Ausübung ihrer Tätigkeit unmöglich macht, im Hinblick auf Artikel 12 Abs. 1 GG (Grundrecht der Berufsfreiheit) zu erwägen haben, ob nicht gewerbepolitische Regelungen der Berufsausübung genügen, um die legitimen Interessen des Gemeinwohls zu schützen. Jedenfalls darf er nicht eine Rechtsgestaltung wählen, die die Mitfahrerzentralen auf einem Umweg trifft und die volle Last des Verbotes mit der Strafdrohung dem privaten Kraftfahrer aufbürdet. Eine solche der Sachlage zuwiderlaufende Gesetzesgestaltung, die die wahren Absichten des Gesetzgebers verschleiert, verstößt gegen das Rechtsstaatsprinzip; sie hält sich nicht im Rahmen der verfassungsmäßigen Ordnung und ist deshalb nichtig.

Zu § 2 Abs. 2:
Nach Anm. 9 (S. 49):

Vgl. *Heinze,* Die Betriebsübertragung im Personenbeförderungsrecht, DVBl. 1963 S. 755.

Zu § 11 Abs. 2 Nr. 2:
Vor Anm. 4 (S. 74).

Eine Niederlassung im Sinne des Handelsrechts befindet sich bei kaufmännisch geführten Unternehmen in der Regel dort, wo die Geschäftsführung ausgeübt wird. Das ist im Zweifel dort, wo die Bücher geführt werden. Nach den Umständen des Einzelfalles kann aber auch einmal, vor allem bei einem kleineren Droschkenunternehmen, der Schwerpunkt des Gewerbes dort liegen, wo der Verkehr betrieben wird, wo die Droschken bereitgehalten, eingesetzt und die Geschäfte mit den Fahrgästen abgewickelt werden (Urteil des Hess. VGH vom 22. 5. 1963 Nr. OS II 119/61, BayWVMBl. 1964 S. 8).

Zu § 13 Abs. 1 Nr. 2:
Nach Anm. 6 (S. 83):

h) Durch Trunkenheit am Steuer ist die Unzuverlässigkeit eines Droschkenunternehmers, auch wenn er künftig nicht selbst fährt, in der Regel erwiesen (Urteil des BVerwG vom 26. 1. 1962, DÖV 1963 S. 31, 36).

i) Zur Frage der Unzuverlässigkeit einer Ehefrau, die — im Gegensatz zu ihrem Ehemann, dessen Unzuverlässigkeit feststeht — über keine beruflichen Fachkenntnisse verfügt und der Einflußnahme ihres Ehemannes bei Ausübung des Mietwagenunternehmens ausgesetzt wäre, s. Beschluß des BVerwG vom 28. 6. 1963, VRspr. Bd. 16 S. 498.

Zu § 13 Abs. 2:
Nach Anm. 20 (S. 87):

Zur Anwendung des Prioritäts-Grundsatzes s. Urteil des BVerwG vom 28. 6. 1963 (Bayer. Verwaltungsblätter 1962 S. 322, 1963 S. 386).

Über die Führung von Bewerberlisten bei Behörden s. Urteil des OVG Münster vom 8. 11. 1962 (DVBl. 1963 S. 47) — *Flatten* in DVBl. 1963 S. 139; ferner Betriebsberater 1964 S. 107.

Nach Anm. 21 (S. 87):

Zum Ausgestaltungsrecht des vorhandenen Unternehmens, wenn ein anderes Unternehmen den Antrag auf Genehmigung für eine weitere Linie stellt, führt das Bundesverwaltungsgericht im Urteil vom 17. 4. 1964 (Gewerbearchiv 1964 S. 179) aus: „Durch das Ausgestaltungsrecht hat der Gesetzgeber dem bereits vorhandenen Unternehmer hinsichtlich der Bedienung des Verkehrs eine Vorrangstellung eingeräumt. Wie das Bundesverwaltungsgericht bereits in seinem Urteil vom 13. 12. 1956 (*Buchholz*, Nachschlagewerk, 442.00 Nr. 6 zu § 9 PBefG) ausgeführt hat, wird in der Regel der Unternehmer, der eine Linie bereits betreibt, in der Lage sein, durch eine entsprechende Ausgestaltung den gesteigerten Bedürfnissen der Benutzung zu entsprechen. Daher hat es der Gesetzgeber für sachgemäß gehalten, wenn die Verkehrsbedienung auf einer Strecke möglichst in der Hand eines einzigen Unternehmers liegt. Die Notwendigkeit, den Verkehr im Sinne von § 13 Abs. 2 Ziff. 2 c auszugestalten, kann erst in Betracht kommen, wenn nicht nach Ziff. 2 a und b eine Beeinträchtigung der öffentlichen Verkehrsinteressen anzunehmen ist. Der neue Unternehmer kann erst dann zum Zuge kommen, wenn in der in § 13 Abs. 2 Ziff. 2 c PBefG vorgeschriebenen Form geklärt ist, daß der vorhandene Unternehmer von seinem Ausgestaltungsrecht keinen Gebrauch macht."

Zu § 13 Abs. 3:
Nach Anm. 29 (S. 90):

Zur Existenzbedrohung im Droschkengewerbe s. Urteil des VG Berlin vom 29. 11. 1961 (NJW 1962 S. 1835), des Bundesverwaltungsgerichts vom 14. 7. 1961 (DÖV 1963 S. 32), des Bayer. VGH vom 14. 2. 1962 (DÖV 1963 S. 36), des Hess. VGH vom 20. 5. 1964 (DVBl. 1964 S. 960); ferner *Beinhardt* in DVBl. 1964 S. 104, *Czermak* in NJW 1963 S. 526 und *Samper* in Bayer. Verwaltungsblätter 1963 S. 144; letzterer kommt zu dem Ergebnis, daß die Vorschrift des § 13 Abs. 3 PBefG nicht praktikabel ist.

Nach Anm. 30 (S. 90):

Wenn die gesetzliche Betreuung eines Vertriebenen bisher noch durch keine förmliche Entscheidung gemäß § 13 Abs. 3 BVFG beendet worden ist und der

Ausschlußtatbestand des § 69 Abs. 5 BVFG nicht vorliegt, wird der Antragsteller grundsätzlich von den durch § 69 Abs. 1 bis 4 eingeräumten Vergünstigungen noch umfaßt. Dabei kommt es allein darauf an, ob der Antragsteller bereits durch eine erteilte Genehmigung „angemessen" berücksichtigt worden ist (§ 69 Abs. 2 BVFG); so Urteil des Hess. VGH vom 11. 9. 1963 Nr. OS II 39/63, BayWVMBl. 1964 S. 9.

Zu § 15 Abs. 1:
Nach Anm. 7 (S. 106):

Kraftdroschkenunternehmer und Bewerber um die Erteilung einer Kraftdroschkengenehmigung können die Erteilung der Genehmigung an andere Bewerber nicht mit der Klage anfechten (Urteil des BVerwG vom 28. 6. 1963 DÖV 1964 S. 54). Ferner Urteil des HambOVG vom 25. 1. 1963 (DVBl. 1963 S. 643): „Erteilt die Verkehrsbehörde einem Unternehmer eine Genehmigung nach § 15 PBefG und weist den hiergegen eingelegten Widerspruch eines anderen Unternehmers als unzulässig zurück, so enthält der Widerspruchsbescheid eine zusätzliche selbständige Beschwer im Sinn von § 79 Abs. 2 VwGO. Die Beschwer liegt u. a. auch darin, daß die Verkehrsbehörde in diesem Fall die Genehmigungsurkunde trotz Einlegung des Widerspruchs (wegen angeblicher Unanfechtbarkeit) dem Unternehmer nach § 7 Abs. 1 PBefG aushändigen und dieser folglich den Betrieb schon während des Verfahrens aufnehmen kann."

Zu § 17 Abs. 4:
Nach Anm. 10 (S. 114):

In Niedersachsen ist die Bescheidung von Anträgen der Bundesbahn auf Genehmigung von Linienverkehr eine gebührenpflichtige Amtshandlung (Urteil des VG Braunschweig vom 22. 11. 1962, DVBl. 1964 S. 124).

Zu § 20 Abs. 1:
Nach Anm. 6 (S. 121):

Mangels Vollzugsanordnung ist für die Wiederherstellung der aufschiebenden Wirkung eines Widerspruchs kein Raum (Beschluß des OVG Münster vom 19. 7. 1963 — NJW 1963 S. 2244 — und Beschluß des OVG Lüneburg vom 12. 7. 1962 — DVBl. 1963 S. 335 mit Anmerkung von *Fromm* S. 564). Vgl. *Fromm,* Die einstweilige Erlaubnis im Personenbeförderungsrecht, DVBl. 1962 S. 803.

Nach Anm. 7 (S. 121):

Gegen die Möglichkeit einer einstweiligen Anordnung auch Urteil des Hess. VGH vom 11. 9. 1963 Nr. OS II 45/63.

Zu § 42:
Nach Anm. 4 (S. 178):

Urteil des OLG Stuttgart vom 26. 2. 1964 (Verkehrsrechtssammlung 1964 Band 27 Heft 2,90): „Linienverkehr liegt nur vor, wenn der Verkehr jedem zur Verfügung steht und wenn demzufolge auf der Hin- und Rückfahrt ein ständiger Fahrgastwechsel eintritt. Bei der Beschränkung der Beförderung z. B. auf Soldaten sowie darauf, daß unterwegs niemand aus- und zusteigen darf, fehlt es am Merkmal der Fahrgastfreiheit. Regelmäßigkeit ist allein noch kein ausschlaggebendes Indiz für das Vorliegen von Linienverkehr. Hat nicht der Unternehmer den Ausgangspunkt- und Endpunkt, sondern der Mieter diese Punkte bestimmt, dann wird die Beförderung des Fahrgastes nicht dadurch zum Linienverkehr, daß dieser wiederholt die gleiche Fahrleistung verlangt. Ist streitig, ob Linien- oder Gelegenheitsverkehr vorliegt, so hat der Zivilrichter im Zivilprozeß in eigener Zuständigkeit zu entscheiden, ob Gelegenheits- oder Linienverkehr vorliegt. Es bedarf hierzu der in § 10 PBefG vorgesehenen Feststellung im Verwaltungsverfahren nicht."

Zu § 43 Abs. 1:
Nach Anm. 2 (S. 180):

Über die Abgrenzung der Personenbeförderung im Mietwagenverkehr und Ausflugwagenverkehr s. Urteil des BVerwG vom 23. 11. 1962 (DÖV 1963 S. 32).

Darüber, daß Berufsverkehr ausnahmsweise auch in der Form des Gelegenheitsverkehrs ausgeübt werden kann, s. Urteil des BVerwG vom 13. 11. 1964 (Betriebsberater 1965 S. 185).

Der allgemeine Linienverkehr und die Sonderformen des Linienverkehrs können mit demselben Kraftomnibus ausgeführt werden (Urteil des BVerwG vom 26. 6. 1964, BVerwGE Bd. 19, 65). Vgl. auch *Fromm*, Beförderung von Berufstätigen zwischen Wohnung und Arbeitsstätte, Betriebsberater 1963 S. 1402.

Zu § 49 Abs. 1:
Nach Anm. 2 (S. 194):

Das Merkmal des zusammengehörigen Personenkreises ist beispielsweise erfüllt bei Urlaubern, die Soldaten sind. Sie sind durch gemeinsame Uniform und gleichzeitigen Urlaub verbunden. Es ist nicht notwendig, daß alle demselben Truppenteil angehören (so Urteil des OLG Stuttgart vom 26. 2. 1964, Verkehrsrechtssammlung 1964 Bd. 27 Heft 2,90).

Zu § 54 Abs. 4:
Nach Anm.: 11 (S. 220):

„Die Entwidmung eines Platzes, der zu den öffentlichen Straßen gehört und für das gleichzeitige Halten von mehreren Linienomnibussen eingerichtet ist, ist nach dem schleswig-holsteinischen Recht nicht gerechtfertigt, wenn faktisch in der Funktion des Platzes für den öffentlichen Verkehr keine Änderung eintreten soll. Unternehmen des Omnibuslinienverkehrs, die als solche verpflichtet sind, die Haltestelle zu bedienen, können die Rechtswidrigkeit der Entwidmung geltend machen." (Urteil des OVG Lüneburg vom 12. 9. 1963, DVBl. 1964 S. 153.) Über die Benutzungsgebühren für den Omnibusbahnhof s. Urteil des BGH vom 16. 12. 1964 (DVBl. 1965 S. 599).

Zu § 62 Abs. 1:
Nach Anm. 1 (S. 229):

Aus der Regelung der Zulassungsvoraussetzungen im PBefG 1961 ist nicht die weitere Anwendung des früheren Rechts auf bereits laufende Genehmigungsverfahren zu entnehmen (Urteil des BVerwG vom 17. 4. 1964, Gewerbearchiv 1964 S. 179).

C. Verordnung über den Bau und Betrieb der Straßenbahnen (Straßenbahn-Bau- und Betriebsordnung — BOStrab) vom 31. August 1965 (BGBl. I Nr. 58)

Inhaltsübersicht

Erster Abschnitt

Allgemeines

Zweiter Abschnitt

Betriebsanlagen

C. Verordnung über den Bau und Betrieb der Straßenbahnen

Dritter Abschnitt

Fahrzeuge

Vierter Abschnitt

Betrieb

Fünfter Abschnitt

Schluß- und Übergangsvorschriften

Anlagen

Auf Grund des § 57 des Personenbeförderungsgesetzes (PBefG) vom 21. März 1961 (Bundesgesetzblatt I S. 241) in der Fassung des Gesetzes zur Änderung des Personenbeförderungsgesetzes vom 24. August 1965 (Bundesgesetzbl. I S. 906) wird mit Zustimmung des Bundesrates verordnet:

Erster Abschnitt
Allgemeines

§ 1
Geltungsbereich

(1) Diese Verordnung gilt für Straßenbahnen.

(2) Im Sinne dieser Verordnung sind

1. Betriebsanlagen
   alle dem Betrieb der Straßenbahn dienenden Anlagen;
2. Fahrzeuge
   solche, die spurgebunden sind.

§ 2
Allgemeine bauliche Anforderungen

(1) Betriebsanlagen und Fahrzeuge müssen nach den Vorschriften dieser Verordnung sowie nach den von der Genehmigungsbehörde und von der Technischen Aufsichtsbehörde im Interesse der Sicherheit und Ordnung getroffenen Anordnungen gebaut sein.

(2) Betriebsanlagen und Fahrzeuge müssen so bemessen und gebaut sein, daß sie auch bei den höchsten betrieblichen Belastungen den mechanischen, elektrischen und thermischen Beanspruchungen genügen. Sie sind gegen äußere Einflüsse zu schützen, soweit es die betrieblichen Erfordernisse verlangen und sie in ihrer Wirkungsweise dadurch nicht mehr als technisch unvermeidbar beeinträchtigt werden.

(3) Betriebsanlagen und Fahrzeuge müssen so gebaut und beschaffen sein, daß

die beim Betrieb entstehenden Geräusche und Erschütterungen das nach dem Stand der Technik unvermeidbare Maß nicht überschreiten.

(4) Elektrische Schaltgeräte müssen so gebaut sein, daß sich ihr jeweiliger Schaltzustand nicht unbeabsichtigt ändern kann. Alle betriebsmäßig unter Spannung stehenden Teile müssen einen angemessenen Isolationszustand haben.

§ 3
Prüfung der Unterlagen für den Bau von Betriebsanlagen

(1) Ist nach § 2 Abs. 2 des Personenbeförderungsgesetzes eine Genehmigung oder nach § 28 Abs. 2 oder 3 des Personenbeförderungsgesetzes eine Planfeststellung nicht erforderlich, darf mit dem Neu- oder Umbau von Betriebsanlagen erst begonnen werden, wenn die Technische Aufsichtsbehörde nach Prüfung der Unterlagen zugestimmt hat; das gleiche gilt, soweit bei der Planfeststellung die Prüfung von Unterlagen durch die Technische Aufsichtsbehörde vorbehalten worden ist.

(2) Der Unternehmer hat die erforderlichen Unterlagen (Ausführungspläne, Lastannahmen, Berechnungen und Beschreibungen) vor Baubeginn der Technischen Aufsichtsbehörde vorzulegen. Statische Berechnungen müssen von einem an der Aufstellung der Berechnungsunterlagen nicht beteiligten sachkundigen Prüfer für Statik geprüft sein.

(3) Die Technische Aufsichtsbehörde prüft, ob die Vorschriften dieser Verordnung und die von ihr getroffenen Anordnungen sowie die dem Unternehmer durch die Genehmigungsbehörde auferlegten Verpflichtungen erfüllt sind. Sie kann mit der Prüfung der Unterlagen eine andere sachkundige Stelle oder Person beauftragen.

(4) Die Technische Aufsichtsbehörde erteilt ihre Zustimmung nach Absatz 1 durch Prüfvermerk auf den Unterlagen.

(5) Ergibt sich während des Baus die Notwendigkeit von Änderungen, hat der Unternehmer die Unterlagen zu ergänzen und sie der Technischen Aufsichtsbehörde erneut vorzulegen.

§ 4
Beaufsichtigung des Baus von Betriebsanlagen

(1) Die Technische Aufsichtsbehörde beaufsichtigt die Ausführung des Baus von Betriebsanlagen. Hierbei hat sie insbesondere festzustellen, ob

1. die verwendeten Baustoffe und Bauteile geeignet sind,
2. der Bau ordnungsgemäß errichtet wird,
3. die Vorschriften zum Schutze der Sicherheit des Bahnbetriebes sowie die Vorschriften des § 2 Abs. 3 beachtet sind.

(2) Bei der Beaufsichtigung kann sich die Technische Aufsichtsbehörde auf Stichproben beschränken; sie kann verlangen, daß Beginn und Beendigung bestimmter Bauarbeiten angezeigt werden.

(3) § 3 Abs. 3 Satz 2 ist entsprechend anzuwenden.

§ 5
Abnahme von Betriebsanlagen und Fahrzeugen

(1) Neue oder geänderte Betriebsanlagen und Fahrzeuge dürfen unbeschadet

der Bestimmungen des § 37 des Personenbeförderungsgesetzes außer zur Feststellung der Gebrauchsfähigkeit nur in Betrieb genommen werden, wenn die Technische Aufsichtsbehörde sie abgenommen hat. Geänderte Fahrzeuge bedürfen nur dann einer Abnahme, wenn durch die Änderung die Fahreigenschaften, die Betriebsweise, das Fahrwerk, die Bremseinrichtungen, die elektrische Einrichtung, die Fahrzeugabmessungen oder das Gewicht des Fahrzeugs wesentlich beeinflußt werden.

(2) Der Unternehmer hat die Abnahme bei der Technischen Aufsichtsbehörde zu beantragen,

1. für Betriebsanlagen,
   sobald die Bauarbeiten beendet sind; dies gilt auch für den Rohbau von Bauwerken,
2. für Fahrzeuge,
   sobald der Entwurf vorliegt.

(3) Dem Antrag sind bei Fahrzeugen Ausführungszeichnungen im Maßstab 1 : 10 oder 1 : 20, ferner Beschreibungen

1. des Fahrzeugs, aus denen alle für die Beurteilung der Betriebs- und Verkehrssicherheit, insbesondere der Bremseinrichtungen und der Spurführung, erforderlichen Merkmale hervorgehen,
2. der elektrischen Ausrüstung, insbesondere der Brems-, Steuerungs- und Überwachungsstromkreise, ferner Schaltpläne (Stromlaufpläne)

in doppelter Ausfertigung beizufügen.

(4) Die Abnahme umfaßt die Feststellung der Übereinstimmung mit den festgestellten Plänen und den geprüften Unterlagen, die Feststellung der Betriebs- und Verkehrssicherheit, die Feststellung, daß die Betriebsgeräusche das nach dem Stand der Technik unvermeidbare Maß nicht überschreiten sowie die Erteilung eines Abnahmebescheides.

(5) Über das Ergebnis der getroffenen Feststellungen ist eine Niederschrift zu fertigen. Der Niederschrift sind bei Fahrzeugen Bescheinigungen der Hersteller über die Einhaltung der zulässigen mechanischen, elektrischen und thermischen Beanspruchungen der für die Sicherheit des Betriebes maßgebenden Bauteile sowie über die bei

1. Schienenbremsen gemessenen Anpreßkräfte,
2. Federspeicherbremsen gemessenen Zug- oder Druckkräfte

beizufügen.

(6) Die Technische Aufsichtsbehörde erteilt auf Grund der Feststellungen nach Absatz 4 den Abnahmebescheid. Kann wegen Beanstandungen ein Abnahmebescheid nicht erteilt werden, sind dem Unternehmer die Gründe bekanntzugeben.

(7) Die Technische Aufsichtsbehörde kann mit den Feststellungen nach Absatz 4 eine andere sachkundige Stelle oder Person beauftragen. Hat sie von dieser Befugnis Gebrauch gemacht und dabei nichts anderes bestimmt, können die Betriebsanlagen und Fahrzeuge bis zur Erteilung des Abnahmebescheides vorläufig in Betrieb genommen werden, wenn die beauftragte Stelle oder Person die Betriebs- und Verkehrssicherheit festgestellt hat.

§ 6

Pflichten des Unternehmers

(1) Der Unternehmer hat die Betriebsanlagen und Fahrzeuge nach Maßgabe

dieser Verordnung in einem solchen Zustand zu erhalten, daß bei bestimmungsgemäßem Betrieb sowie ordnungsgemäßer Bedienung andere nicht gefährdet, geschädigt oder mehr als nach den Umständen unvermeidbar behindert oder belästigt werden.

(2) Erweisen sich Betriebsanlagen oder Fahrzeuge als nicht vorschriftsmäßig, hat der Unternehmer die Mängel zu beheben. Die Technische Aufsichtsbehörde kann ihm hierfür eine angemesene Frist setzen. Kommt er dieser Verpflichtung nicht nach, kann die Technische Aufsichtsbehörde den Betrieb oder die Benutzung der Anlagen oder Fahrzeuge im öffentlichen Verkehr untersagen oder beschränken.

(3) Der Unternehmer hat die Tätigkeit der Technischen Aufsichtsbehörde zu unterstützen, die erforderlichen Auskünfte zu erteilen und die benötigten Arbeitskräfte und Hilfsmittel bereitzustellen.

(4) Bestehen Zweifel, daß die Ausführung von Betriebsanlagen und Fahrzeugen den festgestellten Plänen oder geprüften Unterlagen entspricht, oder daß Betriebsanlagen oder Fahrzeuge sich in betriebsfähigen Zustand befinden, kann die Technische Aufsichtsbehörde verlangen, daß der Unternehmer diese Zweifel durch Beibringung von Gutachten beseitigt.

§ 7
Betriebsleiter

(1) Der Unternehmer hat einen Betriebsleiter zu bestellen. Bei mehreren Betriebsarten kann je ein Betriebsleiter bestellt werden. Für jeden Betriebsleiter ist mindestens ein Stellvertreter zu bestellen; dieser darf ohne schriftliche Dienstübergabe nur in Notfällen tätig werden.

(2) Betriebsleiter und Stellvertreter bedürfen der Bestätigung der Technischen Aufsichtsbehörde nach den Bestimmungen der Verordnung über die Bestätigung und Prüfung der Betriebleiter von Straßenbahnbetrieben vom 23. Dezember 1953 (Bundesgesetzbl. I S. 1590).

(3) Der Betriebleiter ist für die sichere und ordnungsgemäße Betriebsführung insgesamt verantwortlich. Der Unternehmer hat sicherzustellen, daß der Betriebsleiter die ihm obliegenden Aufgaben ordnungsgemäß erfüllen kann. Insbesondere hat er ihn bei

1. Feststellung des Personalbedarfs,
2. Auswahl, Beurteilung und Verwendung der Betriebsbediensteten,
3. Untersuchungen von Dienstverfehlungen und den sich daraus ergebenden Maßnahmen,
4. Planung und Bau von Betriebsanlagen sowie Beschaffung von Fahrzeugen

maßgebend zu beteiligen.

§ 8
Dienstanweisungen

(1) Der Betriebleiter hat zu den Vorschriften dieser Verordnung und den Anordnungen der Technischen Aufsichtsbehörde Dienstanweisungen entsprechend den jeweiligen betrieblichen Erfordernissen aufzustellen und deren Einhaltung durch geeignete Maßnahmen sicherzustellen. Die Dienstanweisungen sind der Technischen Aufsichtsbehörde zur Kenntnis zu bringen.

(2) In die Dienstanweisungen für die Fahrbediensteten sind aufzunehmen
1. die für den Fahrdienst maßgebenden Vorschriften dieser Verordnung sowie die sonst für die sichere Durchführung des Betriebes geltenden Vorschriften,
2. Bestimmungen, die durch die örtlichen Verhältnisse und durch die Eigenart der Betriebsanlagen, der Fahrzeuge und des Betriebes bedingt sind, insbesondere über
   a) die Prüfung und Betätigung der Bremseinrichtungen bei Befahren von Strecken mit starkem und langem Gefälle,
   b) das Befahren eingleisiger Strecken mit Gegenverkehr,
   c) Maßahmen, die bei Betriebsunfällen und -störungen zu treffen sind.

§ 9

Überwachung der Betriebsanlagen und Fahrzeuge

(1) Die Betriebssicherheit von Betriebsanlagen und Fahrzeugen ist insbesondere durch regelmäßige Sichtkontrollen, Funktionsprüfungen und Kontrollmessungen festzustellen; bei Fahrzeugen ist vor allem die Wirkung der Bremsen, die elektrische Ausrüstung und das Fahrwerk zu prüfen.

(2) Die Fahrzeuge und folgende Betriebsanlagen sind außerdem durch sachkundige Stellen oder Personen besonders zu untersuchen:
1. Brücken,
2. Tunnel, Haltestellenbauwerke, sonstige Bauwerke, ausgenommen Erdbauwerke und einfache Schutzdächer,
3. Gleisanlagen,
4. Fahrleitungen,
5. Stromversorgungsanlagen,
6. Signalanlagen,
7. Zugsicherungsanlagen,
8. Fahrtreppen.

(3) Die Untersuchungen sind vorzunehmen
1. bei Betriebsanlagen
   nach Absatz 2 Nr. 1 — mindestens alle 4 Jahre,
   nach Absatz 2 Nr. 2 — mindestens alle 10 Jahre,
   nach Absatz 2 Nr. 3 und 4 — mindestens alle 3 Jahre,
   nach Absatz 2 Nr. 5 — mindestens alle 5 Jahre,
   nach Absatz 2 Nr. 6 und 8 — mindestens alle 2 Jahre;
2. bei Fahrzeugen, die
   a) vor dem 1. Januar 1950 erstmals abgenommen worden sind, mindestens nach Zurücklegung von 250 000 km, spätestens jedoch alle 5 Jahre,
   b) nach dem 1. Januar 1950 erstmals abgenommen worden sind, mindestens nach Zurücklegung von 500 000 km, spätestens jedoch alle 8 Jahre;

3. bei Betriebsanlagen und Fahrzeugen nach schweren Unfällen, bei denen Teile, die die Betriebssicherheit beeinflussen können, beschädigt worden sind.

(4) Den Umfang der Untersuchungen legt die Technische Aufsichtsbehörde fest. Sie kann auch
1. zusätzliche Untersuchungen anordnen,
2. andere Fristen als nach Absatz 3 festsetzen,
3. für vorübergehend außer Betrieb befindliche Betriebsanlagen und abgestellte Fahrzeuge die Fristen verlängern.

(5) Über die Ergebnisse der Kontrollmessungen und Untersuchungen sind Aufschreibungen zu führen. Aus den Aufschreibungen muß ersichtlich sein, wann und welche Messungen und Untersuchungen durchgeführt, welche Mängel festgestellt und beseittigt worden sind.

(6) Den Aufschreibungen über die Untersuchungen von Brücken, Tunneln, Haltestellen- und sonstigen Bauwerken sollen beigegeben sein
1. die geprüften statischen Berechnungen und Bestandzeichnungen,
2. die mit Prüfvermerk versehenen Unterlagen,
3. die Unterlagen und Angaben über die Baudurchführung,
4. der Abnahmebescheid,
5. alle sonstigen für die Errichtung und Erhaltung der Bauwerke wesentlichen Unterlagen.

(7) Die Aufschreibungen über die Überwachung nach Absatz 1 sind bis zur nächsten Untersuchung, mindestens jedoch drei Jahre, die Aufschreibungen über die Untersuchungen bis zur Außerbetriebsetzung aufzubewahren.

§ 10
Bau und Überwachung von Fahrzeugen besonderer Bauart

Für den Bau und die Überwachung von Fahrzeugen, die mit Dampf- oder Verbrennungskraftmaschinen angetrieben werden oder eine besondere Bauart haben, kann die Technische Aufsichtsbehörde im Interesse der Sicherheit und Ordnung von dieser Verordnung abweichende Anordnungen treffen.

Zweiter Abschnitt
Betriebsanlagen

§ 11
Streckenführung

(1) Es ist eine Streckenführung zu wählen, die sich insbesondere auf die Bewältigung des Verkehrs vorteilhaft auswirkt und hohe Reisegeschwindigkeiten erlaubt. Straßenbahnen sollen deshalb nach Möglichkeit besondere Bahnkörper erhalten; dies gilt insbesondere für Neuanlagen. Ist eine Verlegung auf besonderem Bahnkörper nicht durchführbar, sollen die Gleise, abgesehen von Einbahnstraßen, in der Mitte der Straßenfahrbahn liegen.

(2) Ein besonderer Bahnkörper ist eine Gleisanlage, die außerhalb des Verkehrsraumes öffentlicher Straßen verläuft oder innerhalb des Verkehrsraumes öffentlicher Straßen liegend durch weiß gekennzeichnete Bordsteine oder andere

ortsfeste, körperliche Hindernisse erkennbar gegenüber dem übrigen Verkehr abgegrenzt ist. Zum besonderen Bahnkörper gehören auch die Bahnübergänge, auf denen die Straßenbahnfahrzeuge den Vorrang haben.

(3) In besonderen Fällen bestimmt die Technische Aufsichtsbehörde, ob und inwieweit für den besonderen Bahnkörper Einfriedigungen oder anderweitige Einrichtungen vorzusehen sind.

(4) Bei Fußwegen über besondere Bahnkörper innerhalb des Verkehrsraumes öffentlicher Straßen muß für die Benutzer eine ausreichende Aufstellfläche zwischen der Fahrbahn für den Straßenverkehr und der Begrenzungslinie der Schienenfahrzeuge vorhanden sein.

§ 12
Mindestabstände

(1) Die Abstände zwischen Straßenbahnfahrzeugen und

1. Bauwerken oder sonstigen festen Gegenständen,
2. anderen Schienenfahrzeugen auf Nachbargleisen,
3. dem übrigen Verkehr, bei Betrieb auf besonderem Bahnkörper,

müssen den bautechnischen, betrieblichen und anderen sicherheitstechnischen Erfordernissen entsprechen.

(2) Die in dieser Verordnung vorgeschriebenen Mindestabstände sind nach den in der Anlage 1 festgelegten Grundsätzen zu messen. Sie dürfen unterschritten werden um

1. höchstens 0,1 m von Fahrtrichtungsanzeigern und Rückspiegeln der Fahrzeuge gegenüber festen Gegenständen; gegenüber Fahrzeugen so weit, daß es zu keiner Berührung kommt,
2. das betrieblich notwendige Maß von Bahn- und Schienenräumern sowie seitlichen Stromabnehmern,
3. höchstens 0,05 m in Tunneln mit abgerundetem Profil im Dachbereich.

(3) Die von Fahrzeugen verschiedener Unternehmer zwischen benachbarten Straßenbahn- und Eisenbahngleisen einzuhaltenden Mindestabstände sind von den für die technische Aufsicht zuständigen Behörden gemeinsam festzusetzen.

(4) Bei Bahnen, die keine Zweischienenbahnen sind, legt die Technische Aufsichtsbehörde die Mindestabstände unter Berücksichtigung der betrieblichen Eigenarten fest.

(5) Die Vorschriften über Mindestabstände gelten nicht im Bereich von Betriebshöfen und -werkstätten.

§ 13
Sicherheitsräume

(1) Gleisanlagen müssen so beschaffen sein, daß es Personen im Notfall möglich ist, einen liegengebliebenen Zug zu verlassen, um die nächste Haltestelle, einen Notaustieg oder eine frei zugängliche Stelle zu erreichen; Personen, die im Bereich von Gleisen arbeiten, muß es möglich sein, Fahrzeugen auszuweichen.

(2) Neben oder zwischen Gleisen in Tunneln, Einschnitten, auf hochliegenden Strecken, auf Brücken und in Unterführungen müssen Sicherheitsräume vorhanden sein, deren Mindestabmessungen sich aus Anlage 1 Bilder C bis G ergeben. Auch

in Gleisbogen mit Überhöhungen müssen die seitlichen Begrenzungen der Sicherheitsräume lotrecht, die Standflächen möglichst waagerecht liegen. Bei eingleisigen Strecken möglichst ein einseitiger Sicherheitsraum auf der Türseite der Fahrzeuge.

(3) Auf Brücken und in Unterführungen, die kürzer als 10,0 m sind, kann auf Sicherheitsräume verzichtet werden, wenn die Strecke gut eingesehen werden kann und herannahende Züge rechtzeitig erkannt werden können.

(4) Zwischenstützen in Sicherheitsräumen dürfen höchstens 1,0 m lang sein. Nur in besonderen Fällen darf eine Zwischenstütze bis höchstens 6,0 m lang sein (Zwischenwand) und dürfen in Sicherheitsräumen Schaltkästen oder ähnliche Einrichtungen und Signalanlagen angebracht werden. Auch hierbei muß zwischen Fahrzeugbegrenzungslinie und Einbauten ein Schutzabstand von 0,45 m vorhanden sein.

(5) Bei Gleisanlagen im Verkehrsraum öffentlicher Straßen sind Ausweichräume (Nischen) in den Mindestabmessungen nach Anlage 1 Bilder A und B dann vorzusehen, wenn auf einer Streckenlänge von mehr als 10,0 m Ausweichmöglichkeiten anders nicht gegeben sind.

(6) Wenn der Sicherheitsraum zwischen den Gleisen liegt und keine Zwischenstützen vorhanden sind, muß er durch paarweise angeordnete, mindestens 0,8 m hohe Pfosten, deren Abstand höchstens 6,0 m betragen darf, gekennzeichnet werden.

(7) Auf Sicherheitsräume kann bei hochliegenden Strecken verzichtet werden, wenn die Sicherheit der Fahrgäste und Bediensteten durch andere Maßnahmen gewährleistet ist. Dasselbe gilt für Sicherheitsräume in Haltestellen, wenn sich unter Bahnsteigen Sicherheitsräume nach Anlage 1 Bild E befinden. Vor derartigen Sicherheitsräumen dürfen keine Stromschienen liegen. Satz 2 gilt sinngemäß auch bei Laufstegen im Bereich von Abstellgleisen.

(8) Seitlich angeordnete Stromabnehmer von Fahrzeugen dürfen nicht in Sicherheitsräume hineinragen.

§ 14
Oberbau

(1) Oberbau im Sinne dieser Verordnung ist das Gleis einschließlich der Bettung.

(2) Der Oberbau muß so verlegt und beschaffen sein, daß
1. bei den zugelassenen Höchstgeschwindigkeiten eine sichere Spurführung gewährleistet ist,
2. das Gleis eine ausreichende elektrische Leitfähigkeit hat.

(3) Die Tragfähigkeit des Oberbaus muß den größten Beanspruchungen genügen, die sich aus Achslast und Fahrgeschwindigkeit ergeben.

(4) Die Technische Aufsichtsbehörde setzt fest
1. die höchstzulässige Achslasten für das Streckennetz oder für Teile des Netzes,
2. Grenzwerte für die Abnutzungen und Lageveränderungen des Oberbaus infolge des Betriebes, soweit sie nicht in dieser Verordnung vorgeschrieben sind.

(5) Schienen mit kraftschlüssiger Befestigung sollen bei ausreichender Querstabilität des Gleises durchgehend verschweißt werden. In längeren Tunnelstrecken und auf Brücken sind Schienen stets durchgehend zu verschweißen; ausgenommen hiervon sind z. B. Isolier- und Dehnungsstöße.

(6) Längsneigungen und Bogen der Gleise sind nach den Bestimmungen der Anlage 2 festzulegen.

(7) Stellvorrichtungen von Weichen müssen eine sichere Endlage in den spitzbefahrenen Weichen gewährleisten. Werden solche Weichen mit Geschwindigkeiten von mehr als 15 km/h befahren, muß die anliegende Zungenspitze festgelegt oder überwacht werden können; elektrisch gestellte Weichen müssen so beschaffen sein, daß sie sich erst dann umstellen lassen, wenn die letzte Achse des Zuges die Zungenvorrichtung der Weiche verlassen hat.

(8) Bei Rillenschienen, die in die Fahrbahn von Straßen eingebettet sind, dürfen die Rillen in der Geraden bis 45 mm und in Gleisbogen bis 60 mm breit sein. Die Rillenbreite ist waagerecht 9 mm unter Oberkante des Schienenkopfes zu messen.

(9) Bei Flachrillenschienen muß die Rille eine Tiefe von mindestens 12 mm haben. An den Enden sind Auf- oder Abläufe anzuordnen. Die Rillenbreite ist entsprechend der Spurkranzbreite der Räder und ihrer Stellung zum Gleisbogen festzulegen.

(10) Die Höhenabnutzung des Schienenkopfes ist bis zur Höhe des auf dem Rillenboden laufenden neuen Spurkranzes zulässig; können solche Schienen nicht kurzfristig ausgewechselt werden, muß die Fahrgeschwindigkeit angemessen herabgesetzt werden. Der Unterschied zwischen Oberkante Leitschiene und Oberkante Fahrschiene darf nicht größer als 20 mm sein.

(11) An Bahnübergängen ist bei Verwendung von Schienen ohne Rille durch bauliche Maßnahmen eine ausreichend breite und tiefe Spurrille freizuhalten.

(12) Stumpfgleise sind mit Gleisabschlüssen zu versehen und zu kennzeichnen. Bei Strecken, deren Gleise in der Fahrbahn öffentlicher Straßen liegen, sind Gleisabschlüsse jedoch nur dort anzubringen, wo der Straßenverkehr dadurch nicht behindert oder gefährdet wird.

(13) Bei Gemeinschaftsverkehr mit Fahrzeugen von Bahnen, die dieser Verordnung nicht unterliegen, sind auch die Vorschriften dieser Bahnen zu beachten.

(14) Wenn auf längsbeweglich gelagerten Brücken die Gleise mit der Brücke fest verbunden sind, ist unter Berücksichtigung von Bauart und Spannweite der Brücke dafür zu sorgen, daß die im Gleis auftretenden Spannungen ausgeglichen werden.

(15) Für Spurführungsanlagen besonderer Bauart trifft die Technische Aufsichtsbehörde entsprechende Anordnungen.

§ 15
Spurweite

(1) Bei Zweischienenbahnen ist die Spurweite das lichte Maß zwischen den Schienenköpfen, gemessen 9 mm unter der Oberkante der Schiene und senkrecht zur Gleisachse. Dies gilt bei einem Abrundungshalbmesser des Schienenkopfes mit einem Radius bis 10 mm; bei größerer Abrundung ist die Spurweite der kleinste Abstand der Innenfläche der Schienenköpfe im Bereich von 0 bis 14 mm unter Schienenoberkante.

(2) Als Spurweite sollen die Grundmaße 1435 mm (Regelspur) oder 1000 mm (Meterspur) verwendet werden; bei entsprechender Ausbildung des Spurkranzes

sind Abweichungen in den Grundmaßen von — 5 mm bis + 10 mm zulässig. Bei der Verwendung von Flachrillenschienen sind die Spurweiten entsprechend der Rillentiefe zu verengen.

(3) Spurerweiterungen infolge des Betriebes sind im geraden Gleis bis 20 mm und im Bogengleis bis 25 mm zulässig.

(4) Das Spurspiel (Unterschied zwischen Spurweite und Radsatzspur) muß bei Radsätzen nach Anlage 3 a mindestens 3 mm und nach Anlage 3 b mindestens 6 mm betragen.

§ 16

Signalanlagen

(1) Signalanlagen dürfen, wenn die Technische Aufsichtsbehörde bei besonderen Betriebsverhältnissen nicht die Verwendung anderer Signalbilder oder Auftragsübermittlungseinrichtungen gestattet, nur die in der Anlage 4 enthaltenen Signalbilder zeigen und sind so aufzustellen oder anzubringen, daß

1. die gezeigten Signalbilder vom Fahrzeugführer eindeutig und rechtzeitig zu erkennen sind,
2. die im allgemeinen Straßenverkehr, von Eisenbahnen oder anderen Verkehrsträgern verwendeten Lichtzeichen oder Signalbilder in ihrer Wirkung nicht beeinträchtigt werden und kein Anlaß zu Verwechslungen besteht.

(2) Signalanlagen für Straßenbahnen sind so zu gestalten, daß andere Signal- oder Lichtzeichenanlagen in ihrem Sicherheitsgrad nicht beeinträchtigt werden. Soweit durch Signalanlagen der allgemeine Straßenverkehr berührt wird, ist die Zustimmung der Straßenverkehrsbehörde einzuholen.

(3) Liegen Gleise in der Fahrbahn öffentlicher Straßen, sollen an Straßenkreuzungen und -einmündungen, an denen der Straßenverkehr durch Lichtzeichen geregelt wird, für Straßenbahnfahrzeuge nur dann Signale verwendet werden, wenn der Fahrzeugführer von dieser Regelung abweichende Anordnungen erhalten soll.

(4) Werden Haltsignale nach Anlage 4 verwendet, sind bei Betrieb ohne Zugsicherung an lichtzeichengesteuerten Kreuzungen oder Abzweigungen Achtungssignale so vorzusehen, daß der Fahrzeugführer seinen Zug rechtzeitig zum Stehen bringen kann; von Achtungssignalen kann an Haltestellen und Kreuzungen abgesehen werden, an denen nach Fahrplan oder auf besondere Anordnung regelmäßig zu halten ist oder Geschwindigkeitbeschränkungen auf 15 km/h angeordnet worden sind.

(5) Halt- und Fahrsignale müssen so ausgeleuchtet sein, daß sie mindestens im 1,1fachen Bremswegabstand nach Tabelle A der Anlage 5 bei der für die Strecke zugelassenen Höchstgeschwindigkeit zu erkennen sind, andernfalls sind entsprechende Maßnahmen zu treffen.

(6) Halt- und Achtungssignale sind mit einer Ersatzlichtquelle so auszurüsten, daß spätestens bei Ausfall der einen Lichtquelle die andere eingeschaltet ist. Bei Ausfall auch der zweiten Lichtquelle an lichtzeichengesteuerten Kreuzungen muß sich die gesamte Anlage selbsttätig vom Regelungsbetrieb abschalten.

(7) Auf Tunnelstrecken sind außerhalb der Haltestellen- und Abstellanlagen die Standorte der Streckensignale durch Standortkennzeichen nach Anlage 4 zu kennzeichnen.

(8) Signalanlagen sind erforderlichenfalls mit Zugsicherungsanlagen zu verbinden.

§ 17
Zugsicherungs- und Zugbeeinflussungsanlagen

(1) Zugsicherungsanlagen sind Betriebsanlagen, mit denen
1. selbsttätig oder von Hand durch Signale die Einfahrt in einen von Signalen begrenzten Streckenabschnitt jeweils nur einem Zug freigegeben wird, oder
2. die Züge auf andere Weise in einem Abstand voneinander gehalten werden können, der mindestens dem Bremsweg für die zugelassene Höchstgeschwindigkeit zuzüglich eines Sicherheitsabstandes entspricht.

(2) Zugbeeinflussungsanlagen sind Betriebsanlagen, die bei unvorschriftsmäßigen Fahren den Zug selbsttätig zum Halten bringen oder die Geschwindigkeit auf das zugelassene Maß herabsetzen.

(3) Zugsicherungsanlagen sind zu verwenden, soweit es die Betriebsverhältnisse erfordern; Strecken, auf denen die zugelassene Höchstgeschwindigkeit mehr als 70 km/h beträgt, müssen Zugsicherungsanlagen und Zugbeeinflussungsanlagen haben. Unregelmäßigkeiten im Betrieb dieser Anlagen sind durch geeignete Einrichtungen den für den Ablauf des Fahrbetriebes verantwortlichen Stellen der Personen kenntlich zu machen.

§ 18
Fernmeldeanlagen

Im Streckennetz eines Straßenbahnbetriebes müssen die Betriebsbediensteten ausreichend Möglichkeit haben, sich durch Fernsprecher oder andere Nachrichtenmittel mit den maßgebenden Betriebsstellen zu verständigen.

§ 19
Kreuzungen mit Bahnen

(1) Auf höhengleiche Kreuzungen mit Eisenbahnen finden die für den Bau und Betrieb dieser Bahnen geltenden Vorschriften Anwendung; Anordnungen über den Vorrang an den Kreuzungen treffen die für die beiden Bahnen zuständigen technischen Aufsichtsbehörden.

(2) Höhengleiche Kreuzungen mit Bahnen dürfen nur zugelassen werden, wenn der Betriebeablauf durch Signalanlagen geregelt wird. Davon kann abgesehen werden, wenn der Fahrzeugführer die Bahnstrecke so weit und in einem solchen Abstand übersehen kann, daß er bei richtigem Verhalten in der Lage ist, nach Erkennen eines kreuzenden Zuges sein Fahrzeug vor der Kreuzung zum Halten zu bringen.

§ 20
Bahnübergänge

(1) Anordnungen über die Aufstellung von Andreaskreuzen an Bahnübergängen ergehen nach den Vorschriften der Straßenverkehrs-Ordnung. Die Technische Aufsichtsbehörde kann nach Lage der örtlichen Verhältnisse vom Unternehmer besondere Sicherheitsmaßnahmen am Bahnübergang fordern.

(2) Werden zur Regelung des Straßenverkehrs an Bahnübergängen Lichtzeichenanlagen verwendet, ist dem Führer des Straßenbahnzuges ein Streckensignal in Abhängigkeit von der Lichtzeichenanlage zu geben. Der Standort des Signals ist durch Standortkennzeichen nach Anlage 4 zu kennzeichnen.

(3) Hat der Führer des Straßenbahnfahrzeugs an Kreuzungen mit wenig benutzten Wegen keine ausreichende Übersicht, sind Läutetafeln nach Anlage 4 aufzustellen.

(4) Bahnübergänge, die nur dem Fußgängerverkehr dienen, dürfen durch Drehkreuze oder ähnlich wirkende Abschlüsse für den übrigen Verkehr gesperrt werden. Bahnübergänge im Verlauf von Privatwegen ohne öffentlichen Verkehr sind für die Wegebenutzer als solche zu kennzeichnen. An ihnen dürfen Abschlüsse (Schranken, Tore) verwendet werden, die vom Berechtigten jeweils zu bedienen und sonst verschlossen zu halten sind.

§ 21

Fahrleitungen

(1) Zur Fahrleitung im Sinne dieser Verordnung gehören die

1. betriebsmäßig unter Spannung stehenden Drähte (Fahrdrähte) und Schienen (Stromschienen),
2. Einrichtungen zum Tragen und zur Befestigung der Anlagen nach Nummer 1 (Tragwerke),
3. Schalt- und Überspannungsschutzeinrichtungen,
4. Speiseleitungen.

(2) Fahrleitungen müssen bruchsicher und überschlagfest gebaut, ferner so beschaffen und verlegt sein, daß bei ordnungsgemäßem Betrieb und bei Verwendung geeigneter Stromabnehmer auch bei der für die Strecke zugelassenen Höchstgeschwindigkeit eine sichere Stromabnahme gewährleistet ist. Die zulässigen Grenzwerte für

1. die Abnutzung der Stromschiene,
2. den Abstand der Stromschiene vom Gleis

setzt die Technische Aufsichtsbehörde nach den jeweiligen Betriebsverhältnissen fest. Die größte Abnutzung des Fahrdrahtes darf nicht mehr als 40 vom Hundert des Fahrdrahtnennquerschnitts betragen.

(3) Im Verkehrsraum öffentlicher Straßen müssen die Fahrdrähte und die am Tragwerk geführten sonstigen nicht isolierten Leitungen mindestens 5,0 m über Schienenoberkante liegen. In Unterführungen sowie davor und dahinter sind Höhen bis herunter zu 4,2 m über Schienenoberkante zulässig. Auf Strecken, die auf besonderem Bahnkörper außerhalb des Verkehrsraumes öffentlicher Straßen liegen, dürfen Fahrdrähte unter 5,0 m über Schienenoberkante verlegt sein, wenn das Betreten dieser Anlagen nur besonders unterwiesenen Betriebsbediensteten gestattet wird.

(4) Fahrleitungen sind je nach den Betriebsverhältnissen in Speiseabschnitte zu unterteilen. Speiseleitungen müssen sich an den Speisepunkten von der Fahrleitung abschalten lassen.

(5) Bei Nennspannungen über 1000 Volt bei Wechselstrom und über 1500 Volt Gleichstrom sind

1. metallene Fahrleitungsmaste,
2. Stahlarmierungen von Fahrleitungsmasten aus Beton,
3. Fahrleitungsträger,
4. metallene Teile von Geräten, die an Masten oder Trägern angebracht sind, sowie
5. Metallteile, die von der Mitte des mit einer Fahrleitung ausgerüsteten Gleises weniger als 5,0 m waagerechten Abstand haben,

unmittelbar oder über Durchschlagssicherungen mit den Fahrschienen zu verbinden. Diese Verbindungen zur Bahnerde müssen an Haltestellen und an Kreuzungen mit öffentlichen Straßen doppelt vorhanden sein. Bei Nennspannungen bis 1000 Volt bei Wechselstrom und 1500 Volt bei Gleichstrom ist die Erdung nur in besonderen Fällen erforderlich, wenn im übrigen der Isolationszustand der Fahrleitung regelmäßig überwacht wird.

(6) An Stahl- oder Stahlbetonbauwerken, unter denen Fahrdrähte verlegt sind, müssen Schutzvorrichtungen vorhanden sein, wenn bei Entgleisung oder Bruch des Stromabnehmers die Gefahr einer leitenden Verbindung zwischen den unter Spannung stehenden Teilen der Fahrleitung und dem Bauwerk besteht.

(7) An den Stirnseiten von Bauwerken und Tunneln müssen über den Fahrdrähten Schutzvorrichtungen vorhanden sein, die ein Berühren der unter Spannung stehenden Fahrleitungen von oben und von den Seiten her verhindern. Diese Schutzvorrichtungen müssen mindestens 5,0 m über das Bauwerk in Richtung der Fahrleitung hinausragen; auf eine solche Schutzvorrichtung kann verzichtet werden, wenn

1. der senkrechte Abstand zwischen Straßenoberfläche oder Gehweg des Bauwerks und der unter Spannung stehenden Fahrleitungsteile mindestens 5,0 m ist,
2. das Bauwerk nur von unterwiesenen Personen betreten werden darf oder
3. die Art des Bauwerks einen ausreichenden Schutz gegen Berühren unter Spannung stehender Teile bietet.

(8) Stromschienen, bei denen der Strom von unten oder von der Seite abgenommen wird, müssen von oben und seitlich gegen zufälliges Berühren abgedeckt sein.

(9) Ist in Unterführungen im Verkehrsraum öffentlicher Straßen der Abstand des Fahrdrahtes von der Straße kleiner als 4,5 m, ist an den Stirnseiten der Unterführungen unbeschadet des nach der Straßenverkehrs-Ordnung vorgeschriebenen Verkehrsverbotszeichens das Zeichen „Vorsicht! Hochspannung" nach Anlage 4 anzubringen; als zulässige Durchfahrtshöhe ist bei Fahrleitungen mit Nennspannung bis 1000 Volt bei Wechselstrom und 1500 Volt bei Gleichstrom die Höhe des Fahrdrahtes über Schienenoberkante abzüglich 0,1 m anzugeben.

(10) Besondere Maßnahmen sind zu treffen

1. zum Schutz der Fahrleitungen gegen
   a) Kurzschluß,
   b) Überspannung (ausgenommen Tunnelstrecken);
2. wenn Fahrleitungen
   a) Zugsicherungs- und Fernmeldeanlagen,
   b) Starkstromfreileitungen und -kabel,

c) Eisenbahnen oder andere Schienenbahnen
kreuzen oder ihnen so nahe liegen, daß eine Beeinflussung möglich ist;
3. zur Verringerung der Streuströme.

§ 22

Stromversorgungsanlagen

(1) Stromversorgungsanlagen sind so zu bemessen, daß bei betriebsmäßiger Einspeisung
1. die Bahn-, Betriebs-, Zugsicherungs- und Signalstromversorgung auf allen Strecken,
2. die Licht- und Kraftstromversorgung in Tunneln und auf Haltestellen
gewährleistet ist.

(2) Spannungsschwankungen als Folge des Betriebes sollen, bezogen auf die Nennspannung, innerhalb der Grenzwerte
1. bei Bahnstrom an Fahrzeugen
   a) von Wechselstrombahnen zwischen + 15 und — 20 vom Hundert,
   b) von Gleichstrombahnen zwischen + 20 und — 30 vom Hundert,
2. bei Betriebs- und Signalstrom zwischen + 20 und 15 vom Hundert
liegen.

(3) Speiseleistungen müssen sich bei Überlast oder Kurzschluß selbsttätig abschalten.

(4) Gleichstrom-Bahnunterwerke müssen mindestens durch eine doppelte Rückleitung mit dem Gleisnetz verbunden sein. In diese Rückleitungen dürfen keine Schalter eingebaut sein.

(5) In öffentlich zugänglichen Stromversorgungsanlagen ist durch Schutzmaßnahmen zu verhindern, daß zwischen Bahn- und Wassererde
Berührungsspannungen
über 65 Volt bei Wechselstrom und
über 90 Volt bei Gleichstrom,
Schrittspannungen
über 90 Volt bei Wechselstrom und
über 125 Volt bei Gleichstrom
bestehen bleiben.

(6) Der für den Betrieb der Bahn erforderliche Strom darf über bahnfremde Unterwerke von Energieversorgungsunternehmen bezogen werden, wenn diese sich verpflichten,
1. die für den Betrieb der Bahn erforderliche Stromversorgung jederzeit sicherzustellen,
2. die laufende Unterhaltung und die Untersuchungen der der Stromversorgung dienenden Anlagen in gleicher Weise wie bei bahneigenen Anlagen durchzuführen,
3. jederzeit Besichtigungen der der Stromversorgung dienenden Anlagen durch den Unternehmer oder dessen Aufsichtsbehörde zuzulassen.

C. Verordnung über den Bau und Betrieb der Straßenbahnen

§ 23

Haltestellen

(1) Haltestellen sind entsprechend dem Verkehrsbedürfnis einzurichten und in angemessenen Abständen anzulegen.

(2) Bei Strecken, auf denen die Fahrzeuge am öffentlichen Straßenverkehr teilnehmen, setzt die Straßenverkehrsbehörde die Lage der Haltestellen nach Maßgabe der Genehmigung im Benehmen mit dem Unternehmer und dem Träger der Straßenbaulast fest. Polizei- und Straßenbaubehörde sind vorher zu hören.

(3) Für Haltestellen im Verkehrsraum öffentlicher Straßen sind, soweit es die Straßenlage und der übrige Straßenverkehr gestatten, Inseln vorzusehen. Sie sollen als Bahnsteige in einer Breite von mindestens 1,5 m gestaltet sein. Die Länge der Haltestelleninseln ist je nach der Dichte des Straßenbahnverkehrs für eine oder mehrere Zuglängen zu bemessen. Werden Absperrvorrichtungen auf Haltestellen und besonderen Bahnkörpern aufgestellt, darf der erforderliche Abstand gegenüber Straßenbahnen auf die Mindestbreite der Haltestelle nicht angerechnet werden.

(4) Haltestellen sind

1. mit ausreichenden Beleuchtungseinrichtungen auszurüsten;
2. soweit es die Verkehrsbedeutung und die betrieblichen Verhältnisse erfordern, insbesondere bei Hoch- und Tieflage,
   a) mit einer Notbeleuchtung zu versehen,
   b) an den Zugängen durch ein Sinnbild zu kennzeichnen,
   c) auf den Bahnsteigen ausreichend namentlich zu bezeichnen,
   d) mit ausreichenden und bequemen Zu- und Abgangsmöglichkeiten zu versehen.

(5) Die Bahnsteig- und Fahrzeugfußbodenhöhen sind so aufeinander abzustimmen, daß die Fahrgäste bequem ein- und aussteigen können. Lassen sich Gleisbogen im Bahnsteigbereich nicht umgehen, darf der waagerechte Abstand zwischen Bahnsteigkante und Fahrzeug in der Türmitte gemessen 0,25 m nicht überschreiten.

(6) An den Enden von mehr als 0,4 m hohen Bahnsteigen sind Trittstufen anzuordnen.

(7) Auf Haltestellen nach Absatz 4 Nr. 2, die mit Betriebsbediensteten besetzt sind, müssen mindestens Handfeuerlöscher, Verbandkästen und Tragen leicht auffindbar bereitgehalten werden.

(8) Verkaufsstände, Werbesäulen und andere betriebsfremde Einrichtungen dürfen den Bahnbetrieb sowie das Ein- und Aussteigen nicht stören und die schnelle Verteilung der Fahrgäste auf dem Bahnsteig nicht behindern.

(9) Fahrgästen zugängliche Räume und solche, die dem dauernden Aufenthalt von Bediensteten dienen, müssen eine lichte Höhe von mindestens 2,5 m haben und ausreichend und möglichst zugfrei zu belüften sein. Bei beengten baulichen Verhältnissen können Raumhöhen von mindestens 2,3 m zugelassen werden.

(10) Unterirdische Räume, in denen sich Betriebsanlagen mit erhöhter Brandgefahr befinden, müssen entsprechend gekennzeichnet sein und aus feuerhemmenden Bauteilen bestehen; ferner müssen Handfeuerlöscher vorhanden sein.

§ 24
Brücken

(1) Brücken sind standsicher zu erstellen und müssen insbesondere die für die Strecke festgelegten Verkehrslasten und alle sonstigen Belastungen sicher aufnehmen.

(2) Auf Brücken mit obenliegender Fahrbahn sind in Bogen mit Halbmessern unter 300 m zusätzliche Spurführungen anzubringen, sofern keine anderen Sicherungen vorhanden sind. Enden Gleise auf Brücken, die nur von Straßenbahnen benutzt werden, sind sie mit ausreichend bemessenen Gleisabschlüssen zu versehen.

(3) Gehstege auf Brücken sind dort, wo Absturzgefahr besteht, mit mindestens 1,0 m hohen Geländern zu versehen. Liegen Mittelbahnsteige auf Brücken, sind an den Brückenrändern Gehstege oder Auffangvorrichtungen so anzuordnen, daß auch bei irrtümlichem Öffnen von Fahrzeugtüren ein Abstürzen von Fahrgästen vermieden wird.

(4) Die tatsächliche Durchbiegung der Brücken darf nicht größer als der errechnete Wert sein; dies ist bei Brücken vor der Inbetriebnahme durch eine Probebelastung festzustellen. Nach Änderungen, für die eine erneute statische Berechnung nicht erforderlich war, und bei Brücken von weniger als 10,0 m Spannweite kann auf eine Probebelastung verzichtet werden.

(5) Bei geschweißten Brücken hat der Unternehmer für die Erteilung des Abnahmebescheides nachzuweisen, daß die Schweißverbindungen nach dem Stand der Schweißtechnik durchgeführt und von einer Schweißaufsichtsperson begutachtet worden sind; dies gilt auch für geschweißte Hilfsbauwerke.

(6) Für Brücken, die von der Straßenbahn mitbenutzt werden, hat sich der Unternehmer vom Eigentümer der Brücke bestätigen zu lassen, daß

1. die Tragfähigkeit auch für die vorgesehenen Verkehrslasten der Straßenbahn ausreichend ist und gegen die Betriebsaufnahme keine Bedenken bestehen,
2. die Brücke laufend unterhalten und regelmäßig untersucht wird.

(7) Die Vorschriften über Brücken sind auf sonstige oberirdische Bauwerke, die den Oberbau tragen oder stützen, entsprechend anzuwenden; hierbei kann auf Probebelastungen in der Regel verzichtet werden.

§ 25
Tunnel

(1) Tunnel sind so zu errichten, daß insbesondere

1. die statischen und dynamischen Beanspruchungen sicher aufgenommen werden,
2. der Auftrieb auch bei hohem Grundwasserstand die Standsicherheit nicht gefährdet,
3. Feuchtigkeit nicht in unzulässigem Maße eindringen kann,
4. das Abwandern elektrischer Streuströme weitgehend verhindert wird,
5. ein ausreichender Luftaustausch sichergestellt ist.

Für Stützmauern sind diese Vorschriften entsprechend anzuwenden.

(2) Notausstiege, die zugleich als Luftschächte ausgebildet werden sollen, sind je nach den Haltestellenabständen in der Weise anzuordnen, daß der Weg ins Freie über

1. Treppenanlagen der Haltestellen,
2. Notausstiege oder
3. Rampen von Tunnelmündungen

jeweils nicht mehr als etwa 300 m beträgt. Werden zwischen Haltestellen oder Anlagen nach den Nummern 2 und 3 mehr als zwei Notausstiege erforderlich, ist mindestens jeder zweite so auszubilden, daß auf Tragen befindliche Verletzte hindurch befördert werden können. Notausstiege sind durch blaues Licht kenntlich zu machen. Ausstiegsöffnungen müssen in einem angemessenen Abstand zur Straßenfahrbahn liegen, abgedeckt und gegen Befahren durch Straßenfahrzeuge gesichert sein. Notausstiege sind auch an den Endpunkten unterirdischer Strecken vorzusehen, wenn der nächste Notausstieg oder die nächste Treppenanlage mehr als 100 m entfernt ist. Soweit die Entlüftung durch die Anlagen nach den Nummern 1 bis 3 nicht ausreicht, sind weitere Entlüftungseinrichtungen einzubauen.

(3) Führen Gleisanlagen von der Straße in Tunnel und dürfen diese nur von Straßenbahnfahrzeugen befahren werden, ist die Strecke vor Einfahrten auf besonderem Bahnkörper von mindestens doppelter Zuglänge zu führen. Darüber hinaus sind die Einfahrten durch bauliche Maßnahmen und Hinweisschilder so deutlich zu kennzeichnen, daß der übrige Straßenverkehr nicht fehlgeleitet oder behindert wird. Hinweisschilder sind bei Dunkelheit zu beleuchten. Die Stützmauern von Tunnelausfahrten müssen blendungsfrei sein. Auf den Stützmauern der Tunnelein- und -ausfahrten sind seitliche Schutzvorrichtungen (Gitter) anzubringen, um die Berührung mit unter Spannung stehenden Teilen der Fahrleitungsanlage zu verhindern.

(4) Tunnel müssen eine Beleuchtungsanlage haben, mit der in den Mittelachsen der Fluchtwege mindestens eine Beleuchtungsstärke von 0,5 Lux, gemessen 1,0 m über Standort, erreicht wird; diese muß, wenn die Betriebsstromversorgung ausfällt, sich selbsttätig auf Fremdspeisung umschalten und bei Wiederkehr der Netzspeisung zurückschalten.

(5) An geeigneten Stellen sind zur Aufnahme von Regen-, Schwitz- und Sickerwasser Pumpensümpfe mit selbstschaltenden Pumpen vorzusehen. Bei kurzen Tunnelabschnitten kann darauf verzichtet werden, wenn sich die Strecken anderweitig ausreichend entwässern lassen.

(6) Wenn Tunnel unter Gewässern liegen und infolge der Streckenneigung bei Wassereinbruch die Gefahr der Überschwemmung langer Streckenabschnitte besteht, sind die erforderlichen Sicherheitsvorkehrungen zu treffen.

(7) Bei Tunneln, die von Straßenbahnfahrzeugen mitbenutzt werden, sind die Vorschriften des § 24 Abs. 6 entsprechend anzuwenden.

§ 26

Unterbau und Erdbauwerke

(1) Im Sinne dieser Verordnung sind

1. Unterbau
   der für die Aufnahme des Oberbaus bestimmte tragende Boden,
2. Erdbauwerke
   solche Bauwerke, die als Damm oder Einschnitt errichtet werden und den Oberbau aufnehmen.

(2) Unterbau und Erdbauwerke sind standsicher zu erstellen und müssen insbesondere
1. die für den jeweiligen Streckenabschnitt festgelegten Verkehrslasten und sonstige Belastungen sicher aufnehmen,
2. die geologischen und hydrologischen Gegebenheiten berücksichtigen,
3. auch während der Errichtung stets gegen unbeabsichtigte Verlagerung gesichert sein.

§ 27
Fahrtreppen

Fahrtreppen und ähnliche für die Personenbeförderung bestimmte maschinelle Anlagen müssen so beschaffen sein, daß insbesondere
1. die zugelassenen Belastungen sicher aufgenommen werden,
2. beim Anlaufen und Stillsetzen der Anlage Benutzer nicht gefährdet werden,
3. bei Ansprechen der Schutzeinrichtungen sowie bei Spannungsausfall die Anlage selbsttätig stillgesetzt wird,
4. bei Fahrtreppen der Neigungswinkel unter 40° und bei Bändern unter 15° liegt,
5. die Fahrgeschwindigkeit 1 m/sec nicht überschreitet, wenn keine feste Treppe vorhanden ist,
6. die Handläufe sich möglichst mit der Geschwindigkeit der Treppen und Bänder bewegen,
7. die Laufrichtung bei nicht ständig in Betrieb befindlichen Anlagen auffällig gekennzeichnet ist,
8. das Einlaufen der Stufen in die Kammplatten durch geeignete Führungen in seitlicher und senkrechter Richtung gewährleistet ist,
9. Nothaltschalter mindestens an den Zu- und Abgängen der Anlage vorhanden sind,
10. die Anlage ausreichend beleuchtet ist.

Dritter Abschnitt
Fahrzeuge

§ 28
Einteilung

(1) Fahrzeuge sind
1. Personen-, Güter- und Betriebsfahrzeuge,
2. Lokomotiven.

(2) Fahrzeuge nach Absatz 1 Nr. 1 können nach ihrer technischen Ausrüstung Trieb- oder Steuerfahrzeuge oder Beiwagen sein. Die Vorschriften für Triebfahrzeuge sind auf Lokomotiven entsprechend anzuwenden.

(3) Betriebsfahrzeuge sind Fahrzeuge, die nur für die Betriebserhaltung oder die Ausbildung der Betriebsbediensteten verwendet werden.

(4) Mehrteilige Fahrzeuge, die während des Betriebes nicht getrennt werden können, gelten als ein Fahrzeug.

(5) Im Sinne dieser Verordnung sind Fahrzeuge, die am öffentlichen Straßenverkehr teilnehmen, solche, die nicht ausschließlich einen besonderen Bahnkörper (§ 11 Abs. 2) benutzen.

(6) Züge im Sinne dieser Verordnung sind einzelfahrende Triebfahrzeuge oder Triebfahrzeuge, die mit anderen Fahrzeugen verbunden sind.

§ 29

Abmessungen von Fahrzeugen und Zügen

(1) Fahrzeuge, die am öffentlichen Straßenverkehr teilnehmen, dürfen folgende Höchstabmessungen nicht überschreiten:

1. Breite im Höhenbereich von Schienenoberkante
   bis zu 3,40 m 2,65 m
   über 3,40 m 2,25 m.
   Zur Fahrzeugbreite rechnen nicht über die Seitenwände hinausragende Fahrtrichtungsanzeiger, Rückspiegel, geöffnete Türen und herablaßbare Trittstufen;
2. Höhe von Schienenoberkante
   bis Oberkante des abgezogenen Stromabnehmers bei Triebfahrzeugen für Oberleitungsbetrieb 4,00 m
3. Länge der Fahrzeuge oder der aus mehreren Fahrzeugen bestehenden Züge 75,00 m.

(2) Die Begrenzungslinien der Fahrzeuge nach Absatz 1 dürfen in Gleisbogen bis herunter auf Halbmesser von 25 m die für die Gerade bestimmten Fahrzeugbegrenzungslinien, bezogen auf die Gleisebene, nach der Bogeninnenseite um nicht mehr als 0,25 m und nach der Bogenaußenseite um nicht mehr als 0,65 m überschreiten.

(3) Für die Festlegung der Fahrzeugbegrenzungslinie gelten die in der Anlage 1 enthaltenen Vorschriften.

(4) An Haltestellen darf die Fahrzeugbegrenzungslinie an der der Haltestelle zugewandten Seite durch geöffnete Türen oder bewegliche Trittstufen bis zu 0,25 m überschritten werden.

§ 30

Fahrzeuggestaltung

(1) Fahrzeuge bestehen aus Fahrwerk und Aufbau; sie müssen so gebaut und unterhalten werden, daß sie mit der größten für sie zulässigen Geschwindigkeit ohne Gefahr bewegt werden können.

(2) Der tragende Teil des Aufbaus von Personenfahrzeugen muß so ausgeführt sein, daß der nach dem Stand der Technik erreichbare Schutz für die Insassen gewährleistet ist; insbesondere muß er

1. aus nicht splitternden, schwer entflammbaren Baustoffen bestehen,
2. so ausgeführt sein, daß im Betrieb bei voller Besetzung keine bleibenden Verformungen, auch nicht einzelner Bauteile, entstehen,
3. so ausgebildet sein, daß auch beim Einwirken größerer waagerechter Stoßkräfte in Wagenlängsrichtung plastische Verformungen möglichst nur an der Stoßstelle auftreten.

(3) Die Vorschriften des Absatzes 2 Nr. 1 sind grundsätzlich auch auf die Innenausstattung anzuwenden.

(4) Beim Bau von Personenfahrzeugen ist von folgenden Lastannahmen auszugehen:
1. Nutzlast, die sich aus der Anzahl der Sitz- und Stehplätze und dem je Person anzunehmenden Gewicht von 65 kg ergibt; als Stehplatzfläche sind 0,125 m^2/Person anzunehmen,
2. Zuschläge zu den errechneten Beanspruchungen der Bauteile, die sich aus den Betriebsbedingungen ergeben.

(5) Werden tragende Teile des Ausbaus von Personenfahrzeugen durch Schweißen verbunden, hat der Unternehmer für die Erteilung des Abnahmebescheides nachzuweisen, daß die Schweißverbindungen nach dem Stand der Schweißtechnik durchgeführt und von einer Schweißaufsichtsperson begutachtet worden sind.

(6) Die Höhe der Fahrgasträume muß, gemessen vom Fußboden, mindestens 1,9 m betragen. Über Sitzplätzen kann die Höhe bis zu 1,7 m eingeschränkt werden.

(7) Übergänge in Gelenkfahrzeugen müssen von Fahrgästen bei ordnungsgemäßem Betrieb ohne Gefahr betreten werden können.

(8) Abnehmbare Fahrzeugteile und Abdeckungen von Einrichtungen in Fahrgast- und Fahrzeugführerräumen sind so zu sichern, daß sie von Unbefugten nicht geöffnet werden können.

(9) Im Innern und am Umriß der Fahrzeuge dürfen keine Teile so hervorragen, daß sie die Benutzer der Fahrzeuge und andere Verkehrsteilnehmer mehr als unvermeidbar gefährden.

(10) Im Innenraum von Personenfahrzeugen sind in ausreichender Anzahl zweckentsprechende Halteeinrichtungen, insbesondere senkrechte Haltestangen, anzubringen.

(11) Bei Personenfahrzeugen, die am öffentlichen Straßenverkehr teilnehmen, sind innen im Türbereich Haltegriffe vorzusehen.

§ 31
Räder

(1) Räder von Zweischienenbahnen müssen Spurkränze haben. Räder ohne Spurkränze dürfen nur verwendet werden, wenn eine ausreichende Spurführung auf andere Weise gesichert ist.

(2) Radsätze und Räder sind so anzuordnen, daß das Fahrzeug die Gleis- oder sonstigen Spurführungsanlagen mit der zulässigen Höchstgeschwindigkeit sicher befahren kann. Insoweit dürfen auch Schienenfahrzeuge mit Rädern, die nicht den Vorschriften des Absatzes 3 entsprechen, auf Straßenbahngleise übergehen.

(3) Bei Radsätzen und Rädern mit Spurkränzen sind je nach Schienenkopfform die in den Anlagen 3 a und 3 b festgelegten Abmessungen und Abnutzungsgrenzen einzuhalten. Laufen Räder auf Schienen, deren Abrundungshalbmesser nicht den in den Anlagen 3 a und 3 b enthaltenen Spurkranzausrundungen entsprechen, hat der Betriebsleiter mit Zustimmung der Technischen Aufsichtsbehörde ein geeignetes Radreifenprofil und entsprechende Abnutzungsgrenzen festzulegen.

(4) Elastische Räder müssen so beschaffen sein, daß trotz ihres Federns die Spurführung gesichert bleibt. Für das axiale Federn ist ein Ausschlag, gemessen zwischen Radkörper und Radreifeninnenkante, bis zu 5 mm zulässig; bei Doppel-

kreuzungsweichen sind, soweit notwendig, zur Sicherung der Spurführung besondere Maßnahmen zu treffen. Der Raddruck muß ohne bleibende Verformung der elastischen Werkstoffe übertragen werden. Sind Federelemente zwischen Radkörper und Radreifen eingebaut (Einringräder), hat die Technische Aufsichtsbehörde die Radreifenmindeststärke unter Berücksichtigung der größten Radlast festzulegen. Elastische Räder dürfen nur dann mit Klotzbremsen ausgerüstet werden, wenn die Funktion der Federelemente bei den im ordnungsgemäßen Betrieb auftretenden Beanspruchungen gesichert ist. Zur Überbrückung isolierender Teile ist eine zuverlässig leitende Verbindung zur Fahrzeugmasse herzustellen.

(5) Werden Radsätze, deren Räder Spurkränze und Laufkreisdurchmesser unter 0,6 m haben, verwendet, müssen diese zur Sicherung der Spurführung mit mindestens einem weiteren Radsatz verbunden sein.

(6) Für Fahrzeuge, die auf sonstigen Spurführungsanlagen betrieben werden, werden Art, Anordnung und Abmessungen der Räder sowie deren Abnutzungsgrenzen von der Technischen Aufsichtsbehörde festgelegt.

§ 32
Bahn- und Schienenräumer

(1) Bei Fahrzeugen, die am öffentlichen Straßenverkehr teilnehmen, sind möglichst dicht vor den Rädern der in Fahrtrichtung ersten Achse über die Gleisbreite reichende Bahnräumer anzubringen. Vor den übrigen Rädern müssen, sofern nicht zwischen zwei Radsätzen seitliche Bahnräumer vorhanden sind, Bahn- oder Schienenräumer vorgesehen werden. Ihr senkrechter Abstand von der Schienenoberkante darf bei unbelastetem Fahrzeug nicht mehr als 0,12 m betragen. Bahn- und Schienenräumer können entfallen, wenn sich in einem Abstand bis zu 1,5 m in Fahrtrichtung vor den Rädern andere in der Radebene liegende Wagenteile (z. B. Schienenbremsen) befinden, deren Abstand von Schienenoberkante nicht mehr als 0,12 m beträgt.

(2) Bei Fahrzeugen, die nicht am öffentlichen Straßenverkehr teilnehmen, genügen Schienenräumer vor den Rädern der in Fahrtrichtung ersten Achse. Ihr Abstand von Schienenoberkante darf nicht mehr als 0,15 m betragen.

(3) An Stelle von Bahnräumern können Fangschutzeinrichtungen verwendet werden.

§ 33
Sandstreueinrichtungen

(1) Trieb- und Steuerfahrzeuge, die am öffentlichen Straßenverkehr teilnehmen, sind mit Sandstreueinrichtungen auszurüsten, die vom Fahrzeugführerplatz aus bedienbar sein müssen. Der Sand muß mindestens vor die Räder der ersten von der Hauptbremse gebremsten Achsen der Trieb- oder Steuerfahrzeuge fallen. Bei Fahrzeugen mit mehr als 4 Achsen müssen Sandstreueinrichtungen für mindestens 2 Achsen, auf die die Hauptbremse wirkt, vorhanden sein.

(2) Bei Fahrzeugen mit Fahrzeugführer-Hilfsplatz braucht die Sandstreueinrichtung von diesem aus nicht bedienbar zu sein.

C. Verordnung über den Bau und Betrieb der Straßenbahnen

§ 34

Federung

(1) Personenfahrzeuge müssen so gefedert sein, daß Fahrgäste nicht mehr als unvermeidbar belästigt werden und die Sicherheit gegen Entgleisen gewährleistet ist.

(2) Federungen und Stoßdämpfer aller Fahrzeuge dürfen unter den betrieblichen Bedingungen auch bei größter Belastung ihren Arbeitsbereich nicht überschreiten; bei ihrem Bruch darf es zu keinen Berührungen zwischen dem Fahrzeug und anderen Fahrzeugen oder festen Gegenständen kommen.

§ 35

Fahrzeugantrieb

(1) Fahrmotoren von Triebfahrzeugen und die der Übertragung der Motordrehmomente auf die Treibachsen dienenden Antriebsteile müssen für die unter Berücksichtigung der Streckenverhältnisse und der Zugzusammensetzung festgelegten Zugkräfte und Fahrgeschwindigkeiten bemessen sein. Dabei sind insbesondere zu berücksichtigen

1. die Belastungen beim Anfahren sowie beim Befahren größerer Steigungen,
2. die besonderen Beanspruchungen
   a) beim Bremsen mit den Fahrmotoren,
   b) beim Schleudern der Treibräder,
   c) bei stoßartigen Änderungen der Fahrleitungsspannung innerhalb der zulässigen Schwankungen.

(2) Die Zugkraft der Triebfahrzeuge muß möglichst ruckfrei regelbar sein.

(3) Alle Fahrmotoren von Zügen, die am öffentlichen Straßenverkehr teilnehmen, müssen zusammen eine Antriebsleistung (Stundenleistung) von mindestens 3,5 kW/t des zulässigen Gesamtgewichtes des Zuges haben; Betriebsfahrzeuge sind hiervon ausgenommen.

§ 36

Bremsen

(1) Auszurüsten sind

1. alle Fahrzeuge mit je einer Haupt- und Feststellbremse,
2. am öffentlichen Straßenverkehr teilnehmende Personenfahrzeuge, ferner Güter- und Betriebsfahrzeuge und Lokomotiven für eine Höchstgeschwindigkeit über 30 km/h auch mit einer Zusatzbremse, die vom Kraftschluß zwischen Rad und Schiene unabhängig sein muß (z. B. Schienenbremse),
3. am öffentlichen Straßenverkehr nicht teilnehmende Personenfahrzeuge, ferner Güter- und Betriebsfahrzeuge und Lokomotiven für eine Höchstgeschwindigkeit über 40 km/h auch mit einer Zusatzbremse; diese muß, wenn die Fahrzeuge im Regelbetrieb auf Sicht fahren, vom Kraftschluß zwischen Rad und Schiene unabhängig sein.

(2) Die Bremsen der Fahrzeuge müssen so beschaffen sein, daß die in der Anlage 5 vorgeschriebenen und nach den darin enthaltenen Prüfbestimmungen zu messenden Bremswege nicht überschritten werden.

(3) Die Hauptbremse muß
1. ihre Bremskraft bis zum Höchstwert so vielstufig verändern können, daß der jeweils mögliche Kraftschluß zwischen Rad und Schiene weitgehend ausgenutzt wird,
2. so gebaut sein, daß Ansprech- und Schwelldauer möglichst kurz sind,
3. Dauerleistungen aufweisen, die den Neigungsverhältnissen im Streckennetz angepaßt sind,
4. von der Zusatzbremse derart unabhängig sein, daß sich Störungen der einen Bremseinrichtung nicht zwangsläufig auf die andere übertragen. Die Bremsstromkreise der generatorischen Widerstandsbremse dürfen keine Sicherungen enthalten,
5. bei selbsttätiger Steuerung so beschaffen sein, daß auch bei Versagen der Automatik das Fahrzeug zum Halten gebracht werden kann.

(4) Für die Zusatzbremse, die vom Kraftschluß zwischen Rad und Schiene abhängig ist, gelten die Bremswege nach Tabelle A Spalte c der Anlage 5. Die Dauerleistung der Zusatzbremse ist nach der betriebsüblich geringeren Betätigungshäufigkeit zu bemessen; werden als Zusatzbremsen Schienenbremsen verwendet, gelten für diese die Bestimmungen des Absatzes 8.

(5) Wird als Haupt- oder Zusatzbremse eine generatorische Widerstandsbremse verwendet, darf zum Stillsetzen des Fahrzeugs eine der anderen Bremsen benutzt werden. Der Übergang von einer auf die andere Bremse soll möglichst ruckfrei erfolgen.

(6) Die Feststellbremse muß ausschließlich durch mechanische Mittel ohne Zuhilfenahme einer Haupt- oder Zusatzbremse ein Abrollen
1. des besetzten stillstehenden Fahrzeugs auf der größten im Streckennetz vorkommenden Neigung,
2. mehrerer gekuppelter leerer Fahrzeuge auf Abstellgleisen verhindern können; die Bremsflächen und die Übertragungseinrichtungen der übrigen Bremsen des Fahrzeugs dürfen für die Feststellbremse mitbenutzt werden.

(7) Die Feststellbremse muß
1. im Fahrzeuginnern der
   a) Trieb-, Gelenktrieb- und Steuerfahrzeuge vom Fahrzeugführerplatz,
   b) Beiwagen von wenigstens einer leicht zugänglichen Stelle aus

unabhängig von der Zugzusammensetzung betätigt werden können;
2. in Zügen aus mehreren Fahrzeugen, die nicht alle mit Fahrbediensteten besetzt sind, vom Fahrzeugführerplatz des ersten Fahrzeugs aus betätigt werden können, sofern nicht der Zug durch andere Bremseinrichtungen so lange festgestellt werden kann, daß der Fahrzeugführer die Möglichkeit hat, zwischenzeitlich die Feststellbremsen aller Fahrzeuge des Zuges zu betätigen;
3. gegen Nachlassen der Bremskraft und bei Verwendung von Sperrklinken auch gegen Zurückschlagen der ordnungsgemäß bedienten Betätigungseinrichtungen mechanisch gesichert sein.

(8) Die Schienenbremse muß
1. so bemessen sein, daß ihre Anpreßkraft insgesamt je Fahrzeug mindestens der Hälfte des zulässigen Fahrzeuggesamtgewichtes entspricht; die Anpreßkraft der Schienenbremse ist in Verbindung mit einer Schienenkopfform, die ent-

sprechend der Bremsschuhfläche abgeflacht ist, bei Nennspannung und betriebsüblicher Einschaltdauer zu messen,

2. so gebaut und am Fahrzeug angebracht sein, daß möglichst kurze Ansprech- und Schwellzeiten sowie günstige Anpreßdrücke gewährleistet sind.

(9) Federspeicherbremsen können als Zusatz- oder Feststellbremsen verwendet werden. Als Zusatzbremsen müssen sie

1. am Platz des Fahrzeugführers oder an einer anderen geeigneten Stelle im Fahrzeuginnern eine Notlöseeinrichtung besitzen,
2. im Zusammenwirken mit der Hauptbremse möglichst ruckfrei arbeiten können.

(10) Bei Bremseinrichtungen, die mit Druckluft betrieben werden, müssen die Druckbehälter oder -leitungen ausgerüstet sein mit

1. einer Einrichtung gegen Drucküberschreitung,
2. einer Entwässerungseinrichtung.

(11) Bei Bremsen, die von Energiespeichern abhängig sind (Druckluft oder elektrische Batterien), muß Druck oder Spannung selbsttätig überwacht werden oder vom Fahrzeugführer überprüft werden können.

(12) Sind Züge, die aus einem oder mehreren Personenfahrzeugen bestehen, nur mit dem Fahrzeugführer oder nicht alle Fahrzeuge mit Fahrbediensteten besetzt, muß

1. bei unbeabsichtigter Zugtrennung mindestens der nicht mit dem Fahrzeugführer oder einem sonstigen Fahrbediensteten besetzte Teil des Zuges selbsttätig gebremst werden,
2. die Haupt- oder Zusatzbremse des Fahrzeugs, das nicht mit einem Schaffner oder Zugbegleiter besetzt ist, im Notfall von Fahrgästen an mindestens zwei Stellen im Fahrzeuginnern ausgelöst und der Fahrstrom abgeschaltet werden können; bei Trieb- und Steuerfahrzeugen, die am öffentlichen Straßenverkehr teilnehmen und nicht mit einem Schaffner besetzt sind, genügt eine in der Nähe des Fahrzeugführerstandes angebrachte Notbremsvorrichtung, wenn im übrigen Einrichtungen vorhanden sind, bei deren Betätigung der Fahrzeugführer veranlaßt wird, eine Notbremsung einzuleiten. Bei Beiwagen, die am öffentlichen Straßenverkehr teilnehmen und nicht mit einem Schaffner besetzt sind, kann auf Notbremseinrichtungen verzichtet werden, wenn Einrichtungen nach § 49 Abs. 1 Nr. 4 eingebaut sind.

(13) Bei Fahrzeugen mit Fahrzeugführer-Hilfsplatz muß dieser mindestens mit einer Bedienungseinrichtung für die Haupt- oder Zusatzbremse ausgerüstet sein.

§ 37
Kupplungseinrichtungen

(1) Kupplungseinrichtungen müssen allen im Betrieb auftretenden Zug- und Druckbeanspruchungen genügen und eine unbeabsichtigte gegenseitige Berührung der gekuppelten Fahrzeuge verhindern.

(2) Mit mechanischen Kupplungen dürfen

1. elektrische Kupplungen bei Nennspannung bis zu 1500 Volt,
2. andere Kupplungen

zusammengebaut sein.

(3) Fahrzeuge, die für eine beliebige Zugzusammensetzung bestimmt sind, sollen mit Einrichtungen für selbsttätiges Kuppeln ausgerüstet sein.

§ 38

Türen

(1) Türen für Fahrgäste an Ein- und Ausstiegen von Personenfahrzeugen müssen eine Öffnungsbreite von mindestens 0,65 m haben; Türbetätigungs- und Halteeinrichtungen bleiben dabei unberücksichtigt. Zahl und Lage der Türen sind so zu bemessen, daß ein schneller Fahrgastwechsel gewährleistet ist.

(2) Türen nach Absatz 1 dürfen sich nur bei Betätigung der hierfür bestimmten Einrichtungen öffnen oder schließen und müssen in ihren Endstellungen gehalten werden können. Außentüren der Fahrzeuge, die am öffentlichen Straßenverkehr teilnehmen, müssen absperrbar sein.

(3) Türen müssen, sofern sie nicht durch Fahrgäste bedient werden oder nicht selbsttätig schließen,

1. in Fahrzeugen mit Schaffnersitz von diesem aus, in sonstigen Fahrzeugen von mindestens zwei Stellen im Fahrzeuginnern vom Fahrpersonal betättigt werden können; in Trieb- und Steuerfahrzeugen können sie auch durch den Fahrzeugführer bedient werden,
2. bei Gefahr auch durch Fahrgäste geöffnet werden können,
3. Schutzeinrichtungen besitzen, um Verletzungen der Fahrgäste durch Einklemmen zu verhindern.

(4) Bei Fahrzeugen, die am öffentlichen Straßenverkehr teilnehmen, müssen durch Fahrgäste bedienbare oder selbsttätig schließende Türen so beschaffen sein, daß sie während des Ein- und Aussteigens nicht vorzeitig schließen; dem Fahrzeugführer oder Schaffner ist sinnfällig anzuzeigen, ob die Türen geschlossen sind.

(5) Bei schaffnerlosem Betrieb müssen die Türen während der Fahrt selbstsperrend sein oder vom Fahrzeugführer gesperrt werden können. Bei Fahrzeugen, die nicht am öffentlichen Straßenverkehr teilnehmen, genügt es, wenn die Türen vom Fahrzeugführer bedient werden können und nur während des Anfahrvorganges gesperrt bleiben.

§ 39

Trittstufen und Fußboden

(1) Bei Höhenunterschieden zwischen Bahnsteig und Fahrzeugfußboden von über 0,4 m, gemessen am unbesetzten Fahrzeug, müssen an den Ein- und Ausstiegen eine oder mehrere Trittstufen vorgesehen werden, die untereinander gleichen Abstand haben sollen. Herausklappbare Trittstufen sind nur in Fahrzeugen zulässig, deren Türen fernbedient oder gesperrt werden können.

(2) Trittstufen und Fußboden müssen ausreichende Sicherheit gegen Ausgleiten bieten.

§ 40

Fahrzeugführer- und Schaffnerplätze

(1) Der Fahrzeugführerplatz ist so auszubilden, daß der Fahrzeugführer

1. den Zug sicher führen kann,
2. ein ausreichendes Sichtfeld hat,
3. gegen Sonnenblendung geschützt ist,
4. durch Fahrgäste in seiner Tätigkeit nicht behindert wird,
5. im Notfall seinen Platz schnell verlassen kann.

(2) Stirnscheiben an Fahrzeugführerständen müssen mit selbsttätig arbeitenden Einrichtungen versehen sein, die ein Vereisen oder Beschlagen der Stirnscheiben verhindern. Bei Fahrzeugen, die ausschließlich in Tunneln betrieben werden, kann auf derartige Einrichtungen verzichtet werden.

(3) Fahrzeugführerstände von Trieb- und Steuerfahrzeugen, die schneller als 30 km/h fahren dürfen, sind mit Geschwindigkeitsmessern oder -schreibern auszurüsten.

(4) Trieb- und Steuerfahrzeuge, die am öffentlichen Straßenverkehr teilnehmen, müssen mindestens einen Rückspiegel haben, der in Fahrtrichtung rechts außen im Sichtbereich des Fahrzeugführers anzubringen ist.

(5) Werden einzelfahrende Einrichtungsfahrzeuge im Einmannbetrieb gefahren, muß außer dem Fahrzeugführerplatz am anderen Ende des Fahrzeugs ein Fahrzeugführer-Hilfsplatz für Rückwärtsbewegungen vorhanden sein, der den Vorschriften des Absatzes 1 nur insoweit zu entsprechen braucht, als es für diesen Zweck erforderlich ist.

(6) Der Platz des im Fahrzeug sitzenden Schaffners ist so auszubilden und anzuordnen, daß
1. der Schaffner die von ihm zu überwachenden Ein- und Ausstiege übersehen kann; ist dies nicht möglich, sind Innenspiegel oder andere Einrichtungen anzubringen, durch die die Ein- und Ausstiege überwacht werden können,
2. alle für die Tätigkeit des Schaffners notwendigen Einrichtungen im Hand- oder Fußbereich liegen.

§ 41
Fahrgastplätze

(1) Sitze in Fahrgasträumen müssen
1. den in der Anlage 6 vorgeschriebenen Mindestmaßen entsprechen,
2. so beschaffen sein, daß Verletzungen der Fahrgäste durch die obere Kante der Rückenlehne nicht zu erwarten sind.

(2) Veränderliche Sitzkonstruktionen (z. B. Klapp- oder Stapelsitze) können, soweit dies ihre Zweckbestimmung erfordert, von den in der Anlage 6 vorgeschriebenen Mindestmaßen abweichen.

(3) Für Stehplätze muß eine Fläche von mindestens 0,125 m^2/Person vorhanden sein.

§ 42
Fenster und Glasscheiben

(1) Fenster in Fahrgasträumen dürfen nur so weit zu öffnen sein, daß ein Hinauslehnen nicht möglich ist.

(2) Alle Scheiben müssen aus Sicherheitsglas bestehen, ausgenommen Spiegel sowie Abdeckscheiben an Beleuchtungseinrichtungen und Meßgeräten. Bei Fahr-

zeugen, die nicht der Personenbeförderung dienen, sind mindestens die Fahrzeugführerstände mit Sicherheitsglas auszurüsten.

(3) Sicherheitsglas muß so beschaffen sein, daß

1. es gegen die im ordnungsgemäßen Betrieb zu erwartenden Einwirkungen widerstandsfähig ist,
2. beim Zerbrechen nur Bruchstücke entstehen, die keine ernsthaften Verletzungen verursachen können.

(4) Für Stirnscheiben der Fahrzeugführerstände muß Sicherheitsglas verwendet werden, das

1. den Vorschriften nach Absatz 3 entspricht und
2. eine verzerrungsfreie Durchsicht gewährt, die weder durch die Formgebung noch die Beschaffenheit der Glasscheiben gestört wird.

§ 43
Notausstiege

Personenfahrzeuge, die auf einer Seite keine oder absperrbare Türen haben, müssen auf dieser Seite über die Länge des Fahrzeugs gleichmäßig verteilt eine ausreichende Anzahl Fenster haben, die als Notausstiege ausgebildet sind. Diese Fenster müssen

1. durch die Aufschrift „Notausstieg" deutlich gekennzeichnet sein,
2. eine Öffnung von mindestens 0,6 m Breite und 0,43 m Höhe haben und in diesem Bereich frei von Schutzstangen sein,
3. sich durch Bedienen eines besonderen Verschlusses im ganzen öffnen oder leicht und schnell zerstören oder entfernen lassen; hierfür ist geeignetes Werkzeug in der Nähe der Notausstiege anzubringen.

§ 44
Elektrische Ausrüstung

(1) Alle betriebsmäßig unter Spannung stehenden Teile der elektrischen Ausrüstung mit Nennspannung über 40 Volt müssen so geschützt sein, daß in Räumen,

1. die Fahrgäste zugänglich sind, Personen sich unter Spannung stehenden Teilen nicht gefahrbringend nähern und diese nicht berühren können; geeignete Schutzvorrichtungen sind z. B. Abdeckungen, geschlossene Gehäuse und Vollwandtüren, sofern sie sich nur mit Werkzeugen oder Schlüsseln entfernen oder öffnen lassen;
2. die Fahrgästen nicht zugänglich sind, Personen sich
   a) innerhalb des Handbereiches unter Spannung stehenden Teilen, wie unter Nummer 1 gefordert, nicht gefahrbringend nähern und diese nicht berühren können,
   b) außerhalb des Handbereiches unter Spannung stehenden Teilen nicht zufällig gefahrbringend nähern und diese nicht zufällig berühren können; geeignete Schutzvorrichtungen sind z. B. Schutzgitter und Gittertüren.

(2) Von den Forderungen nach Absatz 1 Nr. 2 darf abgesehen werden bei elektrischen Betriebseinrichtungen, die unter Verschluß gehalten werden und nur unterwiesenen und beauftragten Bediensteten zugänglich sind oder die sich oberhalb des Daches befinden, sofern dieser Schutz nach den örtlichen Verhältnissen

entbehrlich oder bei der betrieblichen Benutzung, Bedienung und Beaufsichtigung hinderlich ist. Dieser Schutz ist auch entbehrlich unterhalb des Wagenfußbodens, wenn dort keine Arbeiten ausgeführt werden müssen, während der Stromabnehmer an Spannung liegt, und für den Stromabnehmer von Bahnen mit Stromschienen.

(3) Zum Schutz von Personen gegen zu hohe Berührungs- und Schrittspannungen müssen folgende Bedingungen erfüllt sein:

1. Die zu schützenden Metallteile müssen durch Erdungsleitungen an übersichtlichen Stellen mit der Fahrzeugmasse verbunden sein, soweit nicht bereits durch die Konstruktion der Fahrzeuge eine gut leitende Verbindung gewährleistet ist.
2. Die die Fahrzeugmasse bildenden leitenden Bauteile des Fahrzeugkörpers müssen unter sich gut leitend verbunden sein; dabei ist eine gut leitende Verbindung zwischen der Fahrzeugmasse und der Bahnerde vorausgesetzt.
3. Metallteile des Fahrzeugs, z. B. Blechverkleidungen, die im Handbereich liegen und im Fehlerfalle Spannung annehmen können, müssen mit der Fahrzeugmasse gut leitend verbunden sein.

(4) Fahrzeuge für Oberleitungsbetrieb müssen an der vom Stromabnehmer abgehenden Leitung, bevor diese das Dach verläßt, einen Überspannungsschutz haben.

(5) Die Stromkreise der elektrischen Ausrüstung eines Fahrzeugs müssen einzeln vor unzulässig hohen Strömen durch Sicherungen oder selbsttätige Schalter geschützt sein. Für mehrere parallele Stromkreise, deren gemeinsame Stromaufnahme 10 Ampère nicht überschreitet, und für Fahrmotoren mit Reihen-Parallelschaltung genügt jeweils ein gemeinsamer Überstromschutz. Werden die Fahrmotoren auch zum generatorischen Bremsen verwendet, darf der Überstromschutz beim Bremsen nicht wirksam werden.

(6) Unter Spannung gegen Erde stehende Leitungen und Geräte müssen zuverlässig und erkennbar von der Einspeisung getrennt werden können. In der Ausschaltstellung des Fahrschalters dürfen sich Fahrmotoren nicht selbst erregen können. Beim Ansprechen des Überstromschutzes der Fahrmotoren dürfen die Außen- und Innenbeleuchtung des Fahrzeugs und die elektrische Bremse nicht abgeschaltet werden.

(7) In den der Schutzerdung nach Absatz 3 Nr. 2 und 3 dienenden Leitungen sowie in geerdeten Rückleitungen dürfen Schalter, Schmelzsicherungen und ohne Zuhilfenahme von Werkzeug lösbare Trennlaschen nicht verwendet werden; hiervon sind geerdete Rückleitungen für Anlaß- und Steuerschaltungen ausgenommen.

(8) Eine galvanische Verbindung zwischen Anlagen verschiedener Spannungen ist nur zulässig, wenn die Anlage niedrigerer Spannung zum Schutz gegen zu hohe Berührungsspannung an mehreren Punkten mit der Fahrzeugmasse leitend verbunden wird oder für die höhere Spannung isoliert ist; die Isolierung für die höhere Spannung darf auch durch Zwischenisolierung des entsprechenden Teiles der Anlage geschehen.

(9) Der Isolationszustand der Leitungsanlagen gilt für jeden für sich abgesicherten Leitungszweig als ausreichend, wenn der Isolationswiderstand mindestens 1000 Ohm je Volt Nennspannung beträgt. Die Meßspannung soll in der Größen-

ordnung der Nennspannung der Anlage sein; sie braucht jedoch nicht höher als 1000 Volt und darf nicht niedriger als 100 Volt sein.

(10) Für den Isolationswiderstand einer im Betrieb befindlichen Fahrzeugbatterie gilt als unterer Grenzwert 10 Ohm je Volt Nennspannung, jedoch darf er 1000 Ohm nicht unterschreiten.

§ 45
Stromabnehmer

(1) Stromabnehmer müssen so gebaut und angebracht sein, daß der Strom bis zu der für das Fahrzeug zulässigen Höchstgeschwindigkeit von einer für diese Geschwindigkeit geeigneten Fahrleitung sicher abgenommen werden kann.

(2) Die Stromabnehmer

1. sollen innerhalb ihres Arbeitsbereiches eine möglichst gleichmäßige statische Kraft auf die Fahrleitung ausüben; dies gilt sinngemäß auch für seitliche Stromabnehmer,
2. müssen von der Fahrleitung abgezogen und gegen unbeabsichtigtes Wiederanlegen gesichert werden können.

§ 46
Innenbeleuchtung

(1) Fahrgastraum und Fahrzeugführerstand müssen eine ausreichende, möglichst blendungsfreie Innenbeleuchtung haben.

(2) Durch die Innenbeleuchtung des Fahrgastraumes sowie durch die Einzelbeleuchtung der Meldeeinrichtungen und Meßgeräte darf die Sicht des Fahrzeugführers nicht mehr als unvermeidbar beeinträchtigt werden.

(3) Bei Personenfahrzeugen, die längere, nicht beleuchtete Tunnelstrecken durchfahren, muß sich die Innenbeleuchtung bei Einfahrt in den Tunnel selbsttätig einschalten können. Diese Fahrzeuge sind außerdem mit einer vom Bahnstrom unabhängigen Notbeleuchtung auszurüsten.

§ 47
Heizung und Lüftung

Fahrgasträume sowie Fahrzeugführer- und Schaffnerplätze sind mit ausreichenden Heizungs- und Lüftungseinrichtungen auszurüsten.

§ 48
Einrichtungen für Schallzeichen

(1) Trieb- und Steuerfahrzeuge sind mit einer vom Fahrzeugführer zu bedienenden Läuteeinrichtung auszurüsten. Läutezeichen dürfen andere Verkehrsteilnehmer nicht mehr als unvermeidbar belästigen. Andere Warneinrichtungen dürfen nur bei besonderen Betriebsverhältnissen mit Zustimmung der Technischen Aufsichtsbehörde verwendet werden.

(2) Die Lautstärke der Schallzeichen darf in 7,0 m Entfernung von der Schallquelle und in einem Höhenbereich von 0,5 bis 1,5 m über dem Standort nicht mehr als 104 Dezibel (A) betragen.

C. Verordnung über den Bau und Betrieb der Straßenbahnen

§ 49

Verständigungseinrichtungen

(1) Personenfahrzeuge müssen akustische oder optische Verständigungseinrichtungen oder beide zusammen für folgende Zwecke haben:

1. Erteilung von Fahr- oder Halteaufträgen durch Fahrbedienstete,
2. Verständigung zwischen Fahrzeugführer und Schaffner in Notfällen,
3. Unterrichtung des Fahrzeugführers über die Stellung der Türen,
4. Mitteilung des Haltewunsches der Fahrgäste an den Fahrzeugführer bei schaffnerlosem Betrieb.

(2) Bei Personenfahrzeugen kann auf Verständigungseinrichtungen nach Absatz 1 verzichtet werden, wenn die Verständigung des Fahrzeugführers in anderer Weise erfolgt.

(3) Güter- und Betriebsfahrzeuge sowie Lokomotiven, die am öffentlichen Straßenverkehr teilnehmen, müssen mindestens Verständigungseinrichtungen nach Absatz 1 Nr. 1 haben.

§ 50

Fahrsperren und Sicherheitsfahrschaltung

(1) Trieb- und Steuerfahrzeuge, die auf Strecken mit Zugsicherungsanlagen und Fahrsperren betrieben werden, sind mit Einrichtungen zur selbsttätigen Auslösung der Bremsung und zur Abschaltung des Fahrstromes auszurüsten.

(2) Trieb- und Steuerfahrzeuge, die der Personenbeförderung dienen und nicht am öffentlichen Straßenverkehr teilnehmen, müssen, wenn sie ohne Zugbegleiter fahren, eine Sicherheitsfahrschaltung haben, die bei Ausfall des Fahrzeugführers selbsttätig eine Bremsung einleitet und den Fahrstrom abschaltet.

§ 51

Scheinwerfer und Stirnleuchten

(1) Fahrzeuge an der Spitze eines Zuges müssen an der Stirnseite mit einem in der Mitte angebrachten abblendbaren Scheinwerfer und an der höchsten Stelle mit einer Stirnleuchte ausgerüstet sein. Fahrzeuge, die

1. am öffentlichen Straßenverkehr teilnehmen, aber auch besondere Bahnkörper benutzen, können an Stelle des einen zwei nebeneinander angebrachte abblendbare Scheinwerfer haben,
2. nur auf besonderen Bahnkörpern verkehren, können an Stelle der Scheinwerfer zwei nebeneinander angebrachte Leuchten haben.

(2) Scheinwerfer müssen an den Fahrzeugen einstellbar und so befestigt sein, daß ein unbeabsichtigtes Verstellen nicht eintreten kann. Die Spiegelunterkante der Scheinwerfer darf bei unbesetztem Fahrzeug nicht höher als 1,0 m über Schienenoberkante liegen. Bei Zweirichtungsfahrzeugen müssen die Schaltungen der vorderen und hinteren Scheinwerfer gegeneinander verriegelbar sein.

(3) Nicht abgeblendete Scheinwerfer müssen bei Dunkelheit die Fahrbahn so beleuchten, daß die Beleuchtungsstärke in einer Entfernung von 25 m in Längsachse des Fahrzeugs und in Höhe der Scheinwerfermitte mindestens 8 Lux beträgt. In gleicher Höhe und Entfernung sollen nach den Seiten in einem Ab-

stand von der Längsachse von 1,75 m mindestens 4 Lux und in 3,5 m Abstand mindestens 0,8 Lux vorhanden sein.

(4) Scheinwerfer müssen vom Fahrzeugführerplatz aus abgeblendet werden können. Bei zwei Scheinwerfern müssen beide gleichzeitig und gleichmäßig abgeblendet werden. Abgeblendete Scheinwerfer müssen bei Dunkelheit die Fahrbahn so beleuchten, daß die Beleuchtungsstärke in einer Entfernung von 25 m in Höhe der Scheinwerfermitte und darüber auf einer Ebene senkrecht zur Fahrbahn nicht mehr als 1,0 Lux beträgt. Die Beleuchtungsstärke muß in einer Entfernung von 25 m senkrecht zum auffallenden Licht in 0,15 Höhe über Schienenoberkante noch mindestens 0,5 Lux betragen.

(5) Die Stirnleuchte kann die Linienbezeichnung enthalten und muß bei nicht abgeblendeten Scheinwerfern in 100 m Entfernung bei klarer Sicht deutlich zu erkennen sein.

(6) Scheinwerfer, Stirnleuchten und sonstige Leuchten dürfen nur weißes Licht ausstrahlen.

(7) Die Beleuchtungsstärken nach den Absätzen 3 und 4 sind bei Nennspannung der Lampen, bei ordnungsgemäß eingestellten Scheinwerfern und bei unbesetztem Fahrzeug zu messen.

§ 52
Zielschilder und Linienbezeichnung

(1) Personenfahrzeuge müssen mit Einrichtungen versehen sein, die es ermöglichen, an der Stirnseite des Zuges ein Zielschild und die Linienbezeichnung, an der Einstiegseite des Trieb- oder Steuerfahrzeugs ein Zielschild und an der Rückseite die Linienbezeichnung anzubringen. Bei Personenfahrzeugen, die nicht am öffentlichen Straßenverkehr teilnehmen, kann das Zielschild an der Einstiegseite und die Linienbezeichnung an der Rückseite entfallen, wenn auf den Haltestellen das Ziel der jeweiligen Fahrt angezeigt wird.

(2) Bei Dunkelheit und unsichtigem Wetter müssen Zielschild und Linienbezeichnung blendungsfrei zu beleuchten sein. Bei Fahrzeugen, die mit einer Stirnleuchte ausgerüstet sind, ist das Zielschild unmittelbar unter der Stirnleuchte und bei anderen Fahrzeugen möglichst hoch anzubringen.

(3) Zielschilder müssen das Ziel der jeweiligen Fahrt oder den Streckenverlauf erkennen lassen.

§ 53
Schlußleuchten, Bremsleuchten und Rückstrahler

(1) Fahrzeuge, die am öffentlichen Straßenverkehr teilnehmen, bei Zügen aus mehreren Fahrzeugen mindestens das letzte Fahrzeug, müssen an der Rückseite mit

1. mindestens einer Schlußleuchte für rotes Licht,
2. mindestens einer Bremsleuchte für rotes oder gelbes Licht und
3. zwei roten Rückstrahlern

ausgerüstet sein. Bei Zweirichtungstrieb- und Steuerfahrzeugen müssen die Schaltungen sowohl der Schlußleuchten als auch die der Bremsleuchten gegeneinander verriegelbar sein.

(2) Die Unterkante der Schlußleuchten darf nicht höher als 1,25 m, die der Bremsleuchten nicht höher als 1,55 m und die der Rückstrahler nicht höher als 1,0 m über Schienenoberkante liegen. Bei Verwendung von je zwei Schluß- und Bremsleuchten sind diese ebenso wie die Rückstrahler im gleichen Abstand möglichst weit außen anzubringen.

(3) Die Lichtaustrittsflächen einer Schlußleuchte und einer Bremsleuchte sowie die Lichteintrittsfläche eines Rückstrahlers müssen mindestens je 50 cm^2 betragen. Schlußleuchten, Bremsleuchten und Rückstrahler können zusammengebaut sein.

(4) Schluß- und Bremsleuchten dürfen nicht blenden; wenn sie in einem Lampengehäuse zusammengebaut sind, muß die Lichtstärke der Bremsleuchte stärker als die der Schlußleuchte sein.

(5) Fahrzeuge, die nicht am öffentlichen Straßenverkehr teilnehmen, sind mit mindestens zwei Schlußleuchten für rotes Licht auszurüsten, die nicht vom Bahnstrom abhängig sein dürfen. Absatz 2 Satz 1 findet keine Anwendung.

§ 54
Fahrtrichtungsanzeiger

(1) Trieb- und Steuerfahrzeuge, die am öffentlichen Straßenverkehr teilnehmen, müssen mit Fahrtrichtungsanzeigern ausgerüstet sein.

(2) Als Fahrtrichtungsanzeiger sind Blinkleuchten für gelbes Licht zu verwenden. Sie sind bei

1. einzeln betriebenen Fahrzeugen mindestens an den beiden Längsseiten vorn,
2. Fahrzeugen oder Zügen länger als 15,0 m mindestens vorn und hinten an den beiden Längsseiten anzubringen.

(3) Sind Fahrtrichtungsanzeiger nicht im Blickfeld des Fahrzeugführers angebracht, muß ihre Wirksamkeit dem Fahrzeugführer sinnfällig angezeigt werden.

§ 55
Beschriftung

(1) An der Außenseite der Fahrzeuge sind anzubringen

1. auf den beiden Längsseiten die Bezeichnung des Unternehmers, wobei auch Geschäftszeichen oder Wappen verwendet werden dürfen, und die Fahrzeugnummer,
2. das Eigen- und zulässige Gesamtgewicht, bei Güter- und Betriebsfahrzeugen auch das Ladegewicht,
3. Zeichen an den Stellen des Aufbaus, an denen Winden oder sonstige Hebezeuge angesetzt werden dürfen,
4. der Zeitpunkt der letzten Untersuchung am Aufbau und an Fahrwerken, wenn diese von Fahrzeug zu Fahrzeug getauscht werden,
5. die Bezeichnung der Türen, an denen nur das Ein- oder Aussteigen erlaubt ist.

(2) Beschriftungen müssen eindeutig, gut sichtbar und deutlich lesbar sein; dies darf durch andere Aufschriften und Werbungen nicht beeinträchtigt werden.

(3) Fahrzeuge, die nur für Benutzer von Selbstentwertern oder für Fahrgäste mit Sichtkarten bestimmt sind, müssen durch ein Sinnbild an zweckmäßiger Stelle gekennzeichnet sein.

(4) Für Schwerbeschädigte bestimmte Sitzplätze sind durch Schilder mit schwarzer Schrift auf gelbem Grund kenntlich zu machen.

(5) Im Innern von Personenfahrzeugen, die auf längeren Strecken mit Sicherheitsräumen betrieben werden, sind Schilder mit Hinweisen über das Verhalten der Fahrgäste bei Betriebsstörungen anzubringen.

Vierter Abschnitt
Betrieb

§ 56
Betriebsbedienstete

(1) Zum Betriebsdienst im Sinne dieser Verordnung zählen Bedienstete, die
1. Fahrzeuge bedienen oder sich im Zugsicherungs- und Haltestellendienst betätigen,
2. die Aufsicht über Betriebsbedienstete nach Nummer 1 führen,
3. bei der Unterhaltung und Überwachung der Betriebsanlagen und Fahrzeuge leitend, aufsichtsführend oder sonst verantwortlich tätig sind.

(2) Betriebsbedienstete müssen die körperlichen Eigenschaften, die Kenntnisse und die Geschicklichkeit besitzen, die ihre Tätigkeit erfordert. Die Betriebsbediensteten haben bei der Bedienung der Betriebsanlagen und Führung der Fahrzeuge die besondere Sorgfalt anzuwenden, die sich daraus ergibt, daß ihnen beruflich andere Personen zur sicheren Beförderung anvertraut werden.

(3) Vor Verwendung einer Person im Betriebsdienst ist ihre körperliche und geistige Eignung durch einen vom Unternehmer zu bestimmenden Arzt festzustellen. Entstehen später, insbesondere nach schweren Krankheiten, Zweifel an der Diensttauglichkeit, ist eine erneute Untersuchung erforderlich. Betriebsbedienstete, die als Fahrzeugführer oder im Zugsicherungsdienst eingesetzt sind, müssen alle drei Jahre untersucht werden; bei allen übrigen über 40 Jahre alten Betriebsbediensteten sind alle 5 Jahre das Hör- und Sehvermögen und, soweit dienstlich erforderlich, die Farbtüchtigkeit nachzuprüfen.

(4) Als Fahrzeugführer oder im Zugsicherungsdienst tätige Betriebsbedienstete müssen mindestens 21 Jahre, Schaffner und Zugbegleiter mindestens 18 Jahre alt sein; über 18 Jahre alten Betriebsbediensteten kann jedoch die Bedienung von Triebfahrzeugen in Betriebshöfen und -werkstätten gestattet werden.

(5) Betriebsbedienstete, die Fahrzeuge bedienen sollen oder für den Zugsicherungsdienst vorgesehen sind, müssen eine angemessene Zeit unter Aufsicht geeigneter Bediensteter ausgebildet werden. Nach der Ausbildung hat der Betriebsleiter oder ein von ihm beauftragter Bediensteter, der die Prüflinge jedoch nicht selbst ausgebildet haben darf, durch eine Prüfung ihre Eignung festzustellen. Nach bestandener Prüfung ist dem Betriebsbediensteten vom Betriebsleiter ein Ausweis auszustellen, in dem festgelegt ist, welche Tätigkeiten ausgeübt werden dürfen. Betriebsbedienstete, die Fahrzeuge bedienen oder im Zugsicherungs- oder Haltestellendienst tätig sind, sind außerdem regelmäßig über ihre Dienstverrichtungen zu unterweisen.

(6) Über die Ausbildung, Unterweisung und das Ergebnis von Prüfungen der

Betriebsbediensteten, die Fahrzeuge bedienen oder im Zugsicherungs- und Haltestellendienst tätig sind, sind Aufschreibungen zu führen.

(7) Betriebsbedienstete dürfen während ihres Dienstes nicht unter Wirkung alkoholischer Getränke oder anderer ihre Tätigkeit ungünstig beeinflussender Mittel stehen.

(8) Leidet ein Betriebsbediensteter, der Fahrzeuge bedient oder im Haltestellendienst tätig ist, oder ein Mitglied seiner häuslichen Gemeinschaft an einer anzeigepflichtigen Krankheit im Sinne des Gesetzes zur Verhütung und Bekämpfung übertragbarer Krankheiten beim Menschen (Bundes-Seuchengesetz) vom 18. Juli 1961 (Bundesgesetzbl. I S. 1012), darf er in den vorgenannten Diensten nur verwendet werden, wenn er durch ärztliches Zeugnis nachweist, daß keine Gefahr einer Übertragung besteht.

(9) Bedienstete, die bei Ausübung ihrer Arbeiten durch den Straßenverkehr oder den Bahnbetrieb gefährdet werden können, haben Warnkleidung zu tragen oder sind durch Warnzeichen oder Sicherungsposten abzusichern.

§ 57
Bedienung von Betriebsanlagen

(1) Betriebsanlagen, deren Bedienung besondere Fachkenntnisse erfordert, dürfen nur von Betriebsbediensteten bedient werden, die entsprechend unterwiesen und vom Betriebsleiter dazu bestimmt worden sind.

(2) Während der Ausbildung trägt der Lehrbedienstete die Verantwortung für die ordnungsgemäße Bedienung der Betriebsanlagen.

§ 58
Zugbildung

(1) Züge können als Personen-, Güter- oder Betriebszüge verkehren. Sie dürfen nur aus Fahrzeugen gebildet werden, deren Bremseinrichtungen so zusammenwirken, daß die Vorschriften für Bremsen erfüllt sind.

(2) Die für die Zugbildung und den betriebsfähigen Zustand des Zuges verantwortlichen Betriebsbediensteten werden vom Betriebsleiter bestimmt.

§ 59
Ablauf des Fahrbetriebes

(1) Für den Betriebsablauf ist ein Fahrplan aufzustellen.

(2) Auf zweigleisigen Strecken ist in der Regel rechts zu fahren. Hiervon kann in besonderen Fällen abgewichen werden, wenn der Betriebsleiter die erforderlichen Sicherungsmaßnahmen getroffen hat und Betriebsanlagen und Fahrzeuge dafür eingerichtet sind.

(3) Weichen ohne gesicherte Stellvorrichtung dürfen nur mit Geschwindigkeiten bis 15 km/h spitzbefahren werden. Soweit solche Weichen in doppelgleisigen Abzweigungen liegen, hat der Fahrzeugführer besondere Vorsicht zu üben, um Flankenfahrten zu verhüten.

(4) Führer von Straßenbahnfahrzeugen, die am öffentlichen Straßenverkehr teilnehmen, haben die durch Verkehrszeichen und Verkehrseinrichtungen nach der Straßenverkehrs-Ordnung getroffenen Anordnungen zu befolgen, soweit ihnen nicht durch Signale nach Anlage 4 andere Anordnungen gegeben werden. Zeichen

und Weisungen der Polizeibeamten gehen allen anderen Anordnungen und sonstigen Regeln vor. Dürfen Kraftfahrzeuge nach § 68 Abs. 3 den besonderen Bahnkörper benutzen, gelten auch für sie insoweit die Signale nach Anlage 4.

(5) Fahrzeuge, die am öffentlichen Straßenverkehr teilnehmen, dürfen in der Regel ohne Zugsicherung (Fahren auf Sicht) verkehren. Dabei darf ein Zug einem anderen nur in einem solchen Abstand folgen, daß er auch bei ungünstigen Betriebsverhältnissen bei unvermutetem Halten des vorausfahrenden Zuges rechtzeitig zum Halten gebracht werden kann. Werden Zugsicherungsanlagen verwendet, darf bei Signalstörungen oder sonstigen Betriebsunregelmäßigkeiten auf besondere Anordnung mit entsprechend verminderter Geschwindigkeit auf Sicht gefahren werden; dabei ist unmittelbar vor Einfahrt in unbeleuchtete Tunnel zu halten.

(6) Wird in Tunnelstrecken im Regelbetrieb auf Sicht gefahren, muß sichergestellt sein, daß mindestens der 1,5fache Bremsweg der Tabelle A der Anlage 5 bei der für die Strecke zugelassenen Höchstgeschwindigkeit ausreichend beleuchtet ist.

(7) Güter dürfen auf Güter- und Betriebsfahrzeugen nur so verladen werden, daß sie nicht über die Ladefläche und über die seitlichen Begrenzungen hinausragen.

§ 60
Fahrdienst

(1) Zum Fahrdienst im Sinne dieser Verordnung zählen die im § 56 Abs. 1 und 2 aufgeführten Bediensteten.

(2) Es müssen besetzt sein

1. jeder der Personenbeförderung dienende Zug mit einem Fahrzeugführer und im allgemeinen jedes den Fahrgästen zugängliche Fahrzeug mit einem Schaffner oder Zugbegleiter,
2. jeder Betriebs- oder Güterzug mit einem Fahrzeugführer und einem Zugbegleiter.

(3) Bei den der Personenbeförderung dienenden Zügen kann auf die Besetzung mit Schaffnern oder Zugbegleitern verzichtet werden, wenn

1. a) dem Fahrzeugführer optisch oder akustisch angezeigt wird, daß die Türen geschlossen sind oder
   b) Einrichtungen zur Überwachung des Fahrgastwechsels angebracht sind oder
   c) der Zug von besonderen Betriebsbediensteten abgefertigt wird;
2. Brems- und Verständigungseinrichtungen nach § 36 Abs. 12 sowie bei Trieb- und Steuerfahrzeugen, die nicht am öffentlichen Straßenverkehr teilnehmen, Einrichtungen nach § 50 Abs. 2 vorhanden sind.
3. den Fahrgästen Verständigungseinrichtungen nach § 49 Abs. 1 Nr. 4 zur Verfügung stehen,
4. diese Fahrzeuge, soweit sie am öffentlichen Straßenverkehr teilnehmen, für die Fahrgäste ausreichend gekennzeichnet sind und
5. den Fahrgästen die Namen der Haltestellen bekanntgegeben werden.

(4) Fahrbediensteten ist während der Beförderung von Fahrgästen das Rauchen verboten. Dem Fahrzeugführer ist untersagt, sich während der Fahrt zu unterhalten.

(5) Lautsprechereinrichtungen dürfen nur zur Ansage von Haltestellen und für sonstige betriebliche Hinweise benutzt werden.

(6) Das Signal zur Weiterfahrt darf an den Fahrzeugführer erst gegeben werden, wenn der Fahrgastwechsel beendet ist. Die Außentüren der Personenfahrzeuge sind vor Abfahrt zu schließen.

(7) Der Fahrzeugführer ist Zugführer; ihm sind die übrigen Bediensteten des Zuges unterstellt.

(8) Es sind Aufschreibungen zu führen, aus denen die Namen der Fahrbediensteten des Zuges, die Uhrzeit der Dienstübernahme und -abgabe, die Nummern der Fahrzeuge und besondere Vorkommnisse zu ersehen sind.

(9) Der Fahrzeugführer hat Schäden an Betriebsanlagen und Fahrzeugen sowie den Fahrbetrieb gefährdende oder störende Umstände den maßgebenden Betriebsstellen unverzüglich zu melden.

(10) Der Fahrzeugführer muß über die Betriebsverhältnisse der Strecken, die er befährt, unterrichtet sein; er hat bei Neueinsatz eines Zuges und bei Änderung der Zugzusammensetzung Bremsproben durchzuführen.

(11) Züge mit schadhaften Bremseinrichtungen sind aus dem Verkehr zu ziehen; bei Ausfall der Haupt- oder Zusatzbremse darf die Fahrt mit höchstens 30 km/h fortgesetzt werden. Fallen Haupt- und Zusatzbremsen aus, darf der Zug die Fahrt mit Fahrgästen nicht fortsetzen; bei Strecken auf besonderem Bahnkörper sollen, soweit es nicht aus Gründen der Sicherheit unterbleiben muß, die Fahrgäste bis zur nächsten Haltestelle befördert werden.

§ 61
Höchstgeschwindigkeit

Die für das Streckennetz oder für Teile des Netzes zuzulassende Höchstgeschwindigkeit ist nach Art und Beschaffenheit der Betriebsanlagen und Fahrzeuge sowie der Strecken (z. B. starkes Gefälle) zu ermitteln und von der Technischen Aufsichtsbehörde festzusetzen; soweit die Gleise in der Fahrbahn öffentlicher Straßen liegen, sind dabei die für den übrigen Straßenverkehr geltenden Höchstgeschwindigkeiten zu berücksichtigen.

§ 62
Verständigungsmittel

(1) Zur Kennzeichnung des Betriebszustandes und der Fahrzeuge sowie zur Übermittlung von Anordnungen für den Ablauf des Fahrbetriebes sind, soweit es die Sicherheit erfordert, Signalbilder nach Anlage 4 zu zeigen. Dies gilt insbesondere für eingleisige Strecken mit Gegenverkehr.

(2) Welche Signalbilder während der Dämmerung, bei Dunkelheit, oder wenn die Sichtverhältnisse es sonst erfordern, zu beleuchten sind, bestimmt der Betriebsleiter.

(3) Sind Signale ausgefallen oder können sie nicht eindeutig wahrgenommen werden, ist die Bedeutung anzunehmen, die die größere Sicherheit gewährleistet.

(4) Der Fahrzeugführer ist dafür verantwortlich, daß die Signalbilder am Zug vorschriftsmäßig gezeigt und während der Dämmerung, bei Dunkelheit, oder wenn die Sichtverhältnisse es sonst erfordern, beleuchtet werden.

(5) Rangieraufträge, die nicht durch besondere technische Verständigungseinrichtungen übermittelt werden, gelten nur, wenn sie hörbar und sichtbar aufgenommen werden; das Rangierhalt gilt bereits, wenn es nur hörbar oder nur sichtbar aufgenommen wird.

(6) Signalgeber von Signalen, die betrieblich keine Bedeutung haben sollen, sind zu beseitigen oder entsprechend zu kennzeichnen.

§ 63
Befahren von Bahnkreuzungen

Über den Vorrang an höhengleichen Kreuzungen von Gleisen mehrerer Straßenbahnunternehmen untereinander oder von Straßenbahnen mit anderen Schienenbahnen, von denen in beiden Fällen mindestens eine außerhalb des Verkehrsraumes öffentlicher Straßen liegt, sowie über die zu treffenden Sicherheitsmaßnahmen entscheiden die technischen Aufsichstbehörden der kreuzenden Bahnen.

§ 64
Rückwärtsfahren und Schieben von Zügen

(1) Züge dürfen rückwärts nur gefahren werden, wenn die in Fahrtrichtung vordere Plattform des Zuges mit einem Betriebsbediensteten besetzt ist oder Fahranweisungen und Warnsignale in anderer Weise gegeben werden. Die Fahrgeschwindigkeit ist den jeweiligen Betriebsverhältnissen anzupassen.

(2) Züge dürfen nur geschoben werden, wenn sie schadhaft sind und die Spitze des Zuges mit einem Betriebsbediensteten besetzt ist, der Fahranweisungen und Warnsignale gibt. Die Fahrgeschwindigkeit darf, soweit die Gleise in der Fahrbahn öffentlicher Straßen liegen, 15 km/h und auf besonderem Bahnkörper 25 km/h nicht überschreiten. Dies gilt nicht, wenn der Zug auf andere Weise gesichert ist.

§ 65
Liegengebliebene oder abgestellte Fahrzeuge

Liegengebliebene oder abgestellte Fahrzeuge sind gegen selbsttätiges Abrollen und unbefugtes Ingangsetzen zu sichern. Auf öffentlichen Straßen liegengebliebene oder abgestellte Fahrzeuge müssen abgeschlossen oder beaufsichtigt werden.

§ 66
Ausstattung der Züge

(1) Bei Teilnahme der Züge am öffentlichen Straßenverkehr sind rückstrahlende Warneinrichtungen nach der Straßenverkehrs-Zulassungs-Ordnung mitzuführen.

(2) In Zügen, die in Tunneln oder auf Streckenabschnitten betrieben werden, für die Sicherheitsräume vorgeschrieben sind, bei denen das Aussteigen in Notfällen erschwert sein kann oder eine schnelle Hilfe anders nicht gewährleistet ist, sind je Fahrzeug mindestens ein Verbandkasten und Handfeuerlöscher mitzuführen; darauf kann verzichtet werden, wenn auf den Haltestellen oder auf der Strecke Verbandkästen und Handfeuerlöschgeräte in ausreichender Anzahl vorgehalten werden.

(3) Die Art und Füllung der Handfeuerlöscher muß für den elektrischen Betrieb geeignet sein. Sie sind an leicht zugänglicher Stelle unterzubringen. Die Fahr-

bediensteten müssen mit der Handhabung der Handfeuerlöscher vertraut sein. Die einschlägigen Vorschriften für Feuerlöschmittel und Feuerlöschgeräte, insbesondere über deren regelmäßige Prüfungen, sind sinngemäß anzuwenden.

§ 67

Verhalten der Fahrgäste

(1) Fahrgäste haben sich bei Benutzung der Betriebsanlagen und Fahrzeuge so zu verhalten, wie es die Sicherheit und Ordnung des Bahnbetriebes, ihre eigene Sicherheit und die Rücksicht auf andere Personen gebieten. Den Anweisungen der Fahr- und Aufsichtsbediensteten ist Folge zu leisten.

(2) Fahrgästen ist insbesondere untersagt,

1. sich mit dem Fahrzeugführer während der Fahrt zu unterhalten,
2. die Türen während der Fahrt eigenmächtig zu öffnen,
3. während der Fahrt auf- oder abzuspringen,
4. ein von Fahrbediensteten als besetzt bezeichnetes Fahrzeug zu betreten,
5. die Benutzbarkeit der Betriebseinrichtungen, der Durchgänge und der Ein- und Ausstiege durch sperrige Gegenstände zu beeinträchtigen,
6. in nicht hierfür besonders gekennzeichneten Fahrzeugen zu rauchen,
7. Tonwiedergabegeräte zu benutzen.

(3) Personen, Tiere und Sachen, die die Sicherheit und Ordnung des Betriebes oder der Fahrgäste gefährden, sind von der Beförderung ausgeschlossen. Dies gilt insbesondere für

1. Personen mit ekelerregenden oder ansteckenden Krankheiten,
2. Personen, die explosionsfähige, leicht entzündliche radioaktive, übelriechende oder ätzende Stoffe mit sich führen,
3. Personen mit geladenen Schußwaffen, es sei denn, daß sie zur Mitführung solcher Waffen amtlich befugt sind.

(4) Verletzt ein Fahrgast die ihm obliegenden Pflichten oder fügt er sich nicht den zur Aufrechterhaltung der Sicherheit und Ordnung des Bahnbetriebes ergehenden Anweisungen der Fahr- und Aufsichtsbediensteten, kann er von der Beförderung ausgeschlossen werden.

§ 68

Benutzen und Betreten der Betriebsanlagen

(1) Gleisanlagen, die nicht zugleich dem öffentlichen Straßenverkehr dienen, dürfen von Unbefugten weder betreten noch befahren und nur an den dafür vorgesehenen Stellen überquert werden.

(2) Vertreter der Aufsichtsbehörden und sonstige Personen, die mit der Ausübung staatlicher Hoheitsrechte beauftragt sind, sind berechtigt, in Ausübung ihres Amtes Betriebsanlagen zu betreten. Sie müssen sich, falls sie nicht durch Dienstkleidung erkennbar sind, ausweisen können. Andere Personen bedürfen hierzu einer besonderen Erlaubnis.

(3) Die Technische Aufsichtsbehörde kann im Einvernehmen mit der Straßenverkehrsbehörde Unternehmern des Personenverkehrs mit Kraftfahrzeugen die Benutzung des besonderen Bahnkörpers gestatten. Die Sicherheit des Straßenbahnbetriebes darf hierdurch nicht beeinträchtigt werden.

§ 69

Betriebsunfälle und -störungen

(1) Der Betriebsleiter hat Vorsorge zu treffen, daß bei Unfällen schnell Hilfe geleistet wird.

(2) Der Betriebsleiter hat sofort Meldung zu erstatten

1. an die Staatsanwaltschaft oder die Ortspolizeibehörde über Unfälle, bei denen ein Mensch getötet oder schwer verletzt worden ist;
2. an die Aufsichtsbehörden
   a) über Unfälle, bei denen ein Mensch getötet oder schwer verletzt worden ist oder die Betriebsanlagen oder Fahrzeuge erheblich beschädigt worden sind,
   b) über Betriebsstörungen von längerer Dauer als 24 Stunden,
   c) über Vorkommnisse, die öffentliches Aufsehen erregen, ohne Rücksicht darauf, ob Folgen der unter a) und b) bezeichneten Art eingetreten sind.

(3) Bei Unfällen im Gemeinschaftsverkehr ist der für die Strecke verantwortliche Betriebsleiter zuständig.

Fünfter Abschnitt

Schluß- und Übergangsbestimmungen

§ 70

Ausnahmen

(1) Ausnahmen können genehmigen:

1. Die Technische Aufsichtsbehörde von allen Vorschriften dieser Verordnung in bestimmten Einzelfällen oder allgemein für bestimmte einzelne Antragsteller; soweit Belange des Straßenverkehrs, des Straßenbaus oder des Arbeitsschutzes berührt werden, ist das Einvernehmen mit den zuständigen Behörden herzustellen,
2. der Bundesminister für Verkehr von den Vorschriften dieser Verordnung, wenn sich die Auswirkungen nicht auf das Gebiet eines Landes beschränken und ein Einvernehmen zwischen den beteiligten obersten Landesverkehrsbehörden nicht zustande kommt.

(2) Die Erteilung von Ausnahmen kann von der Erfüllung bestimmter Bedingungen abhängig gemacht und mit Auflagen versehen werden.

§ 71

Ordnungswidrigkeiten

(1) Ordnungswidrig im Sinne des § 61 Abs. 1 Nr. 4 des Personenbeförderungsgesetzes handelt, wer vorsätzlich oder fahrlässig

1. als Unternehmer
   a) entgegen § 3 Abs. 1 mit dem Neu- oder Umbau von Betriebsanlagen beginnt,
   b) entgegen § 5 Abs. 1 neue oder geänderte Betriebsanlagen oder Fahrzeuge in Betrieb nimmt,
   c) die Instandhaltungspflicht nach § 6 Abs. 1 nicht erfüllt,

d) entgegen § 7 Abs. 1 der Pflicht zur Bestellung von Betriebsleitern oder Stellvertretern nicht nachkommt,
2. als Betriebsleiter der Überwachungspflicht nach § 9 Abs. 1 nicht nachkommt,
3. als Fahrgast den Vorschriften des § 67 Abs. 2 Nr. 2, 3 oder 6 zuwiderhandelt,
4. als Verkehrsteilnehmer den Vorschriften des § 68 Abs. 1 über das Benutzen oder Betreten der Gleisanlagen zuwiderhandelt,
5. als Unternehmer oder Betriebsleiter einer auf Grund dieser Verordnung erlassenen schriftlichen Anordnung der Technischen Aufsichtsbehörde, soweit diese auf diese Vorschrift verweist, zuwiderhandelt.

(2) Absatz 1 Nr. 1 und 5 gilt auch für denjenigen, der als vertretungsberechtigtes Organ einer juristischen Person, als Mitglied eines solchen Organs oder als gesetzlicher Vertreter eines anderen handelt. Dies gilt auch dann, wenn die Rechtshandlung, welche die Vertretungsbefugnis begründen sollte, unwirksam ist.

§ 72
Geltung im Land Berlin

Diese Verordnung gilt nach § 14 des Dritten Überleitungsgesetzes vom 4. Januar 1952 (Bundesgesetzblatt I S. 1) in Verbindung mit § 66 des Personenbeförderungsgesetzes auch im Land Berlin.

§ 73
Inkrafttreten und Übergangsbestimmungen

(1) Diese Verordnung tritt drei Monate nach ihrer Verkündung in Kraft.

(2) Am gleichen Tage treten
1. die Verordnung über den Bau und Betrieb der Straßenbahnen (BOStrab)[2]) vom 13. November 1937 (Reichsgesetzbl. I S. 1247) in der Fassung vom 14. August 1953 (Bundesgesetzbl. I S. 974),
2. die Verordnung zur Durchführung der Straßenbahn-Bau- und Betriebsordnung[3]) vom 29. März 1956 (Bundesgesetzbl. I S. 250),
3. die Signalordnung für Straßenbahnen[4]) vom 14. Juni 1958 (Bundesgesetzbl. I S. 397)

außer Kraft.

(3) Für die bei Inkrafttreten dieser Verordnung in Betrieb befindlichen, in der nachfolgenden Tabelle, Spalte 3, aufgeführten Betriebsanlagen und Fahrzeuge gelten die dort mit einem (×) versehenen Bestimmungen dieser Verordnung nicht. Jedoch müssen bauliche Einrichtungen umgebaut oder andere Sicherungsmaßnahmen nach den Vorschriften dieser Verordnung getroffen werden, wenn festgestellt wird, daß die Beanspruchungen infolge Änderung der Verkehrslasten oder aus anderen Ursachen überschritten sind oder die getroffenen Sicherungsmaßnahmen nicht mehr dem Stand der Technik entsprechen; dies gilt sinngemäß auch für elektrische Einrichtungen. Soweit keine unmittelbare Betriebsgefahr besteht, kann die Technische Aufsichtsbehörde für die Durchführung der Maßnahmen eine angemessene Frist einräumen. Sofern die Vorschriften über Sicherheitsräume (§ 13) nicht eingehalten werden, sind diejenigen Stellen, die bei Annäherung eines Fahrzeugs nicht betreten werden dürfen, durch rot-weißen Warnstrich zu kennzeichnen, sofern die Technische Aufsichtsbehörde nicht andere Sicherungsmaßnahmen anordnet.

(4) In Spalte 4 der nachfolgenden Tabelle sind die Bestimmungen dieser Verordnung, die für erstmals nach dem 1. September 1953 in Betrieb genommene Fahrzeuge gelten, mit einem Kreuz (×) versehen.

(5) Die bei Inkrafttreten dieser Verordnung in Betrieb befindlichen und den Vorschriften dieser Verordnung nicht entsprechenden Betriebsanlagen und Fahrzeuge müssen innerhalb der in der nachfolgenden Tabelle, Spalten 5 bis 7, genannten Fristen den mit einem Kreuz (×) versehenen Bestimmungen entsprechend geändert werden.

(6) Für vorhandene Betriebsanlagen und Fahrzeuge, die unter die Vorschriften der Absätze 3 bis 5 fallen, gelten die bei ihrer Genehmigung oder Zulassung zugrunde gelegten Bestimmungen weiter, wobei für die in den Absätzen 3 und 4 genannten Betriebsanlagen und Fahrzeuge die Vorschriften uneingeschränkt, nach Absatz 5 bis zum Ablauf der Fristen gültig bleiben.

(7) Wenn Betriebsanlagen und Fahrzeuge im Zusammenhang mit größeren Baumaßnahmen geändert werden, sind unbeschadet der Bestimmungen der Absätze 3 bis 5 die Vorschriften dieser Verordnung einzuhalten, falls die Technische Aufsichtsbehörde nicht anderes bestimmt.

Übersicht
über die in § 73 enthaltenen Ausnahme- und Übergangsbestimmungen

(In den Spalten 3 bis 7 bezeichnet das Kreuz X die Bestimmungen der Verordnung, für die grundsätzlich Ausnahmen erteilt sind).

Betroffener				Benennung der Vorschrift in Stichworten	Ausnahme für vorhand. Anlagen u. Fahrzeuge (§ 73 Abs. 3)	Nur für nach dem 1. 9. 53 in Betrieb genommene Fahrzeuge (§ 73 Abs. 4)	Vorschriften gelten für vorhandene Anlagen und Fahrzeuge mit folgenden Übergangsfristen (§ 73 Abs. 5)		
§	Abs.	Nr.	Satz				1. Jan. 1967	1. Jan. 1970	1. Jan. 1972
1				2	3	4	5	6	7
2				Allg. baul. Anforderungen					
	3			Maßnahmen zur Geräuschminderung	X				
11				Streckenführung					
	2			Weiße Kennzeichnung der Bordsteine	X				
12				Mindestabstände					
	2			Allg. Forderungen	X				
sowie Anl. 1									
13				Sicherheitsräume					
	1			Gleislage zum Sicherheitsraum	X				
	2			Abmessungen der Sicherheitsräume	X				
	8			Stromabnehmer in Sicherheitsräumen	X				

C. Verordnung über den Bau und Betrieb der Straßenbahnen

Betroffener §	Abs.	Nr.	Satz	Benennung der Vorschrift in Stichworten	Ausnahme für vorhand. Anlagen u. Fahrzeuge (§ 73 Abs. 3)	Nur für nach dem 1. 9. 53 in Betrieb genommene Fahrzeuge (§ 73 Abs. 4)	Vorschriften gelten für vorhandene Anlagen und Fahrzeuge mit folgenden Übergangsfristen (§ 73 Abs. 5) 1. Jan. 1967	1. Jan. 1970	1. Jan. 1972
1				2	3	4	5	6	7
14				Oberbau					
	6			Längsneigung					
	sowie Anl. 2			und Bogen	X				
	7	1 u. 3		Weichenstell-vorrichtungen				X	
	9			Flachrillenschienen				X	
	12			Gleisabschlüsse			X		
16				Signalanlagen					
	4			Achtungssignale vor Haltsignalen				X	
	6			Ausrüsten mit einer Ersatzlichtquelle					X
20				Bahnübergänge					
	2			Überwachungssignale für Fahrzeugführer bei Lichtzeichenanlagen				X	
21				Fahrleitungen					
	3			Fahrdrahthöhe	X				
22				Stromversorgungs-anlagen					
	1			Bemessung	X				
	2			Spannungs-schwankungen	X				
23				Haltestellen					
	3		1	Inseln	X				
	5			Bahnsteighöhe sowie Abstand zwischen Bahnsteigkante und Fahrzeugen	X				
	9			Höhe der den Fahr-gästen zugänglichen Räume	X				
	10			bauliche Maßnahmen bei unterirdischen Räumen mit erhöhter Brandgefahr	X				
24				Brücken					
	2			Gleisführungen in Bogen			X		

C. Verordnung über den Bau und Betrieb der Straßenbahnen

Betroffener §	Abs.	Nr.	Satz	Benennung der Vorschrift in Stichworten	Ausnahme für vorhand. Anlagen u. Fahrzeuge (§ 73 Abs. 3)	Nur für nach dem 1. 9. 53 in Betrieb genommene Fahrzeuge (§ 73 Abs. 4)	Vorschriften gelten für vorhandene Anlagen und Fahrzeuge mit folgenden Übergangsfristen (§ 73 Abs. 5) 1. Jan. 1967	1. Jan. 1970	1. Jan. 1972
1				2	3	4	5	6	7
25				Tunnel					
	2			Notausstiege	X				
	4			Beleuchtungsstärke	X				
	6			Tunnelwehre	X				
29				Abmessungen von Fahrzeugen und Zügen					
	1	2		Höhe von Schienenoberkante	X				
30				Fahrzeuggestaltung					
	2	1		nicht splitternder, schwer entflammbarer Aufbau		X			
	3			wie vor, jedoch die Innenausstattung betreffend	X				
	4			Lastannahmen	X				
	5			Prüfen der Schweißverbindungen	X				
35				Fahrzeugantrieb					
	3			Antriebsleistung	X				
36				Bremsen					
	1	3		Zusatzbremse bei Fahrzeugen, die am öffentlichen Straßenverkehr nicht teilnehmen		X			
	2			Einhalten der Bremswege	X*)				
	8			Anpreßkraft der Schienenbremse mindestens Hälfte des Fahrzeuggesamtgewichts	X				

*) für 2-achsige Fahrzeuge und vor dem 1. September 1953 in Betrieb genommene Fahrzeuge, die nicht am öffentlichen Straßenverkehr teilnehmen

§	Abs.	Nr.	Satz	Benennung der Vorschrift in Stichworten	3	4	5	6	7
38				Türen					
	1			Öffnungsbreite	X				
39				Trittstufen und Fußboden					
	1			Höhenunterschied zwischen Bahnsteig und Fahrzeugfußboden	X				

C. Verordnung über den Bau und Betrieb der Straßenbahnen

Betroffener §	Abs.	Nr.	Satz	Benennung der Vorschrift in Stichworten	Ausnahme für vorhand. Anlagen u. Fahrzeuge (§ 73 Abs. 3)	Nur für nach dem 1. 9. 53 in Betrieb genommene Fahrzeuge (§ 73 Abs. 4)	Vorschriften gelten für vorhandene Anlagen und Fahrzeuge mit folgenden Übergangsfristen (§ 73 Abs. 5) 1. Jan. 1967	1. Jan. 1970	1. Jan. 1972
1				2	3	4	5	6	7
40				Fahrzeugführer und Schaffnerplätze					
	1	5		Keine Behinderung beim Verlassen des Fahrzeugführerplatzes	X				
	2			Scheibenwischer, Enteisungseinrichtung		X			
	3			Geschwindigkeitsmesser		X*)			
	4			Rückspiegel					X
43				Notausstiege Anordnung			X		
46				Innenbeleuchtung					
	3			Einschalten der Innenbeleuchtung bei Befahren von Tunnelstrecken				X	
47				Heizung und Lüftung		X			
49				Verständigungseinrichtungen					
	1	3		Unterricht des Fahrzeugführers über die Stellung fernbedienter Türen	X				
50				Fahrsperren und Sicherheitsfahrschaltung					
	1			Fahrsperren		X			
	2			Sicherheitsfahrschaltung		X			
52				Zielschilder und Linienbezeichnung					
	1			Anordnung		X			
53				Schluß-, Bremsleuchten und Rückstrahler					
	5			Schlußleuchten bei Fahrzeugen, die nicht am öffentlichen Straßenverkehr teilnehmen		X			

*) mit Übergangsfrist bis 1. Januar 1970

C. Verordnung über den Bau und Betrieb der Straßenbahnen

Betroffener §	Abs	Nr.	Satz	Benennung der Vorschrift in Stichworten	Ausnahme für vorhand. Anlagen u. Fahrzeuge (§ 73 Abs. 3)	Nur für nach dem 1. 9. 53 in Betrieb genommene Fahrzeuge (§ 73 Abs. 4)	Vorschriften gelten für vorhandene Anlagen und Fahrzeuge mit folgenden Übergangsfristen (§ 73 Abs. 5) 1. Jan. 1967	1. Jan. 1970	1. Jan. 1972
1				2	3	4	5	6	7
54				Fahrtrichtungsanzeiger					
	2		1	Blinkleuchten, allgem.		X			
	2	2		Zusätzliche Blinkleuchten bei Zügen über 15 m Länge	X				
60				Fahrdienst					
	6		2	Schließen der Außentüren	X				

Kolibri 360 GmbH
Ferdinand-Jühlke-Straße 7
99095 Erfurt, Deutschland
produktsicherheit@kolibri360.de